LES
JOUJOUX DU THÉATRE

Cendrillon
La Boîte à Musique
La Maison des Dimanches
Tyl l'Espiègle

✷

COMÉDIES ENFANTINES
PAR
CLOVIS HUGUES

Illustrations de LOUIS BAILLY

—✽✽✽—

PARIS
LIBRAIRIE CH. DELAGRAVE

Les Joujoux du Théâtre

A LA MÊME LIBRAIRIE

SCÈNES ET COMÉDIES A L'USAGE DE LA JEUNESSE

La Farce de Maître Pathelin
Arrangée et mise en vers modernes par G. Gassies des Brulies, illustrations de Boutet de Monvel. 1 vol. in-16 jesus, broché .... **2 fr.**

La Farce du Pâté et de la Tarte
Arrangée en vers modernes par G. Gassies des Brulies, illustrations de J. Geoffroy, en 1 vol. in-16 jesus broché **1 25**
Édition de grand luxe. Avec une riche couverture et 9 planches en taille-douce de J. Geoffroy, in-8°, broché .... **8 fr.**
Exemplaires sur papier du Japon .... **30 fr.**

La Farce du Cuvier
Arrangée en vers modernes par G. Gassies des Brulies, illustrations de J. Geoffroy. 1 vol. in-16 jesus, broché.......... **1 fr.**
Édition de grand luxe. Avec une riche couverture et 9 planches en taille-douce de J. Geoffroy, in-8°, broché .... **6 fr.**
Exemplaires sur papier du Japon .... **25 fr.**

COMÉDIES ENFANTINES à 2, 3, 4 et 5 personnages pour les enfants de 6 à 12 ans, par E Dupuis, 1 vol. in-12, br., **3 50**; rel. percaline, fers spéciaux, tr. dorée.................... **4 75**

CONTES ET COMÉDIES DE LA JEUNESSE, par Lemercier de Neuville. 1 vol. in-8° jesus; br., **2 75**; rel. percaline anglaise, fers spéciaux, tr. dorée................................ **4 25**

SCÈNES CHOISIES DE MOLIÈRE, avec notes, par Albert Cahen. 1 vol. in-12, broché............................. **3 fr.**

SCÈNES CHOISIES DE CORNEILLE, avec notes, par Félix Hémon. 1 vol. in-12, broché............................ **2 fr.**

THÉATRE CHOISI DES AUTEURS COMIQUES du dix-septième et du dix-huitième siècle, avec étude et analyse, par H. Parigot. 1 vol. br. **3 50**

« MA FILLE SERA PARISIENNE », comédie populaire, par N. Magnin, inspecteur primaire à Gray, 1 vol. in-16, br.... **1 75**

SCÈNES CLASSIQUES ET MODERNES a 2, 3 et 4 personnages, et **MONOLOGUES**, par M. Leon Ricquier, officier de l'Instruction publique, professeur à l'école normale de la Seine, extraits des œuvres de Molière, Regnard, Boursault, V. Hugo, Th. Gautier, A. de Musset, E. Augier, E. Labiche, V. Sardou, Th. Barrière, J. Claretie, E. Manuel, J. Normand, A. de Launay, Grenet-Dancourt, avec de nombreuses notes, à l'usage de la jeunesse, pour les salons, les concerts, les établissements scolaires et les réunions publiques. Un beau vol in-12, br.... **3 50**

CLOVIS HUGUES

Les Joujoux du Théâtre

COMÉDIES ENFANTINES

Illustrations de Louis BAILLY

PARIS
LIBRAIRIE CH. DELAGRAVE
15, RUE SOUFFLOT, 15

Tous droits de traduction et de reproduction reserves pour tous pays y compris la Suede et la Norvege.

PUBLISHED : DECEMBER 15th 1906

Privilege of copyright in the United States reserved under the Act approved, March 3 1905, by Charles Delagrave, Publisher.

A MES PETITS-ENFANTS

Il y avait une fois un jeune homme qui n'était pas méchant; mais il écrivait dans les journaux, ce qui faisait de lui une espèce de petit personnage, avec des responsabilités beaucoup trop lourdes pour ses épaules de vingt ans; et, comme il n'avait pas encore bien le doigté de la phrase, peut-être aussi parce qu'il s'exaltait facilement, tout de suite monté comme une soupe au lait, il écrivait parfois des choses qui n'étaient point pour plaire aux gens tranquilles. Or, c'était justement dans un temps où l'on mettait en prison les journalistes qui écrivaient de ces choses; et voilà qu'on le mit en prison avec les autres, par une matinée toute pleine de soleil.

Le pauvre jeune homme avait une camarade qu'il n'avait pas voulu écouter, bien qu'il l'aimât de tout son cœur. « Venez à la maison, chez papa, lui avait-elle dit; car je ne sais pas pourquoi je me figure qu'on va vous enfermer dans une vilaine prison. » Mais il avait hoché la tête, se croyant très fort, à cause de deux ou trois poils qu'il avait au menton. Quand la petite camarade avait été partie, des agents étaient venus, et ils étaient bien une douzaine, les yeux en dessous, la moustache en pointe, avec de gros souliers qui faisaient beaucoup de bruit. L'un d'eux, le chef, l'avait arrêté en lui montrant un papier où il y avait une très belle signature. Alors il s'était emporté, disant qu'il aurait mieux fait d'écouter sa petite camarade. On l'avait conduit tout d'abord dans un vieux château flanqué de tours énormes; puis on l'avait enfermé dans un trou lugubre où le jour descendait tout juste; et il lui avait été bien dur de ne plus embrasser sa mère tous les soirs, et son père et sa sœur Emma, qui était si gentille avec ses cheveux tout frisottés sur le front, et aussi de ne plus aller lire des vers à sa petite camarade.

Cependant elle ne lui avait pas gardé rancune. Deux fois par semaine, avec son papa et sa maman, qui étaient bons comme le bon pain, elle lui portait des gâteaux tout dorés, et c'était pour lui une grande joie quand elle arrivait.

On jugea le prisonnier, et elle était encore là, la petite camarade, un peu pâle, se tenant immobile et toute droite en un coin de la vaste salle. On aurait eu pitié, si on l'avait vue; mais les juges ne la virent pas, et son ami fut condamné. Après quoi, bonsoir et fouette cocher! On l'enferma dans une autre prison, puis encore dans une *autre prison, et c'étaient chaque fois de nouveaux gendarmes qui le prenaient et le reprenaient : tant et si bien qu'il n'avait jamais vu tant de pays. Les gendarmes étaient un peu bourrus, mais pas féroces du tout; car ils n'ignoraient point qu'un jeune homme peut écrire dans les journaux sans être forcément un mauvais sujet, et tout le long de la route il leur parlait de son père, de sa mère, de sa sœur Emma et de sa petite camarade.*

Au bout de deux mois, il se réveillait dans une cellule presque gaie, avec des barreaux où la clarté glissait en gouttelettes d'or. Un lit moelleux avait remplacé l'horrible paille dure; une rangée d'étagères adossées au mur simulait une bibliothèque; les gardiens étaient polis, et il y avait une cheminée, trois ou quatre chaises, sans compter la table, qui n'était point clouée au parquet. Mais ce qui était quasiment féerique, c'était la fenêtre, une fenêtre haute et large, où des moineaux, très familiers, se becquetaient en battant de l'aile; et dans cet encadrement tapageur et ensoleillé le prisonnier suspendit à des fils de fer un jardin tout mignon, délicieusement noyé dans le vert des feuilles répandues en cascades, sous l'accrochement des liserons violets et bleus. Tous les matins, il recevait la bourdonnante visite des abeilles, et tous les soirs il contemplait ses fleurs dans l'exquis tremblement des clairs de lune, tout en songeant à la petite camarade qui ne pouvait plus maintenant lui apporter des gâteaux dorés.

Elle était au pensionnat, à Paris, là-bas, bien loin, et quand la reverrait-il ? Chaque semaine il lui écrivait une longue, bien longue lettre, où il lui donnait des nouvelles du jardinet, et il n'oubliait jamais de lui envoyer quelques fleurettes, qu'elle gardait dans ses livres, très gentiment repliées sur leurs pétales desséchés.

Une fois, elle lui annonça des choses graves : que ce serait bientôt la fête de Mme Paulin, la tant aimée directrice de son pensionnat; qu'on lui jouerait volontiers une pièce, mais qu'on n'avait pas la moindre pièce à jouer, et que c'était terrible. Elle ajoutait : « Puisque tout votre temps vous appartient en votre si paisible castel, faites-nous vous-même une comédie enfantine, et nous sommes sauvées. »

Le frérot ne demandait pas mieux que d'écrire une piécette pour la sœurette et ses charmantes camarades. Le difficile était de la lui faire parvenir, le règlement arrêtant au guichet tout ce qui sortait de sa plume avec un air de chercher la publicité. Heureusement pour lui, le directeur n'était pas plus féroce que les gendarmes, et maintes fois il avait baigné la feuille d'une grosse larme en lisant la correspondance des deux amis, point fâché d'une consigne où il mettait plus de pitié souriante que de curiosité administrative. Le prisonnier se procura une belle feuille de papier, et sur cette belle feuille il écrivit au ministre de l'Intérieur pour le prier de le laisser envoyer à sa camarade une comédie qu'on jouerait à son pensionnat, sans inviter les critiques à la première. Le directeur appuya de quelques mots la requête. L'autorisation fut accordée, à la condition que le directeur général des prisons lirait la pièce et la remettrait au papa de la sœurette, après l'avoir revêtue de son visa.

Elles furent dès lors sauvées, les belles demoiselles ; et en avant les rôles de fées, de princes et de châtelaines ! Pendant huit jours, Hélène, Stella, Marie, Caroline, Rose et Blanche ne s'occupèrent que du prisonnier et de sa comédie ; et pensez quel triomphe pour la petite camarade, acclamée directrice de la troupe !

Ce fut toutes les années la même touchante histoire : on n'avait jamais de pièce à jouer au pensionnat, et c'était toujours au prisonnier, devenu l'auteur dramatique de la maison, qu'on la faisait fraternellement réclamer par l'amie. De là quatre comédies enfantines ; car il resta, hélas ! quatre ans sous les verrous, le pauvre frérot !

La prison, si ensoleillée qu'elle fût, lui pesait cruellement, et combien il regrettait de n'avoir pas tourné sept fois sa plume dans l'encrier avant d'écrire le malencontreux articulet ! Une joie lui refleurissait néanmoins dans le cœur, et il s'amusait avec ses comédioles comme un bébé avec des joujoux, surtout quand il avait imaginé pour la sœurette quelque rôle bien gentil et tout parfumé d'innocente tendresse. Cela ne l'empêcha point d'être un jour malheureux comme les pierres de son ancien château fort. Figurez-vous qu'il venait d'envoyer à l'amie sa seconde saynète, la Boîte à musique, *déjà tout fier du compliment qu'elle ne manquerait pas de lui faire dans sa réponse. Le compliment y fut, mais la critique aussi. C'est qu'il avait, le tout jeunet auteur, donné à l'intrigue simplette de son petit acte un dénouement qui rappelait celui de* Mignon, *et sa principale actrice avait cru devoir le plaisanter un tantinet sur la fâcheuse rencontre. Le pauvret ne connaissait alors du célèbre opéra que deux ou trois airs moulinés par les orgues de Barbarie. Entre sa Noëllie volée par des bohémiens et Mignon volée par des danseurs de corde, entre celle-ci chantant la chanson de son enfance et celle-là chantant la chanson de son berceau, il ne soupçonnait pas l'ombre d'une parenté, le temps lui ayant manqué pour aller souvent au théâtre, quand il avait à gagner sa becquée dans le monde, et l'endroit qu'il habitait ne lui permettant guère d'élargir ses connaissances artistiques par une assiduité soutenue à la représentation des chefs-d'œuvre. L'entendez-vous disant à ses geôliers : « J'irai ce soir au théâtre, désireux que je suis d'achever mon éducation dramatique, bien incomplète encore, et de ne plus m'attirer par la suite les critiques, affectueusement malicieuses, de la sœurette ! » Les braves gens se seraient demandé si leur pensionnaire n'était pas tombé de la lune et s'il ne s'était point, dans sa* *chute, légèrement fêlé le cerveau. Ce fut ce qu'il expliqua longuement à l'amie, tout penaud et presque furieux d'avoir été pris pour un auteur qui grappille dans la vigne des autres. Elle lui répondit de façon à le calmer entièrement, fort ennuyée de lui avoir occasionné un si gros chagrin, et il redevint aussi joyeux qu'on a le droit de l'être dans une prison, si loin de tous les êtres aimés; mais, quand il eut à écrire une nouvelle pièce, il s'ingénia tout de même et surtout à y montrer une autre Noëllie, pas du tout ressemblante à Mignon, sans s'apercevoir que Cendrillon jouait déjà dans la première pièce le personnage d'une fillette perdue, que Noellie le jouait dans la seconde, Fanny dans la troisième, et que cela faisait beaucoup de fillettes perdues dans un seul petit théâtre. Quelle occasion pour M*^{lle} *la directrice de la troupe de lui donner encore doucement sur les doigts! Elle y pensa évidemment un peu; mais, s'il ne faut pas faire aux enfants une peine, même légère, comme vous le chantent vos mamans avec de la musique de Massenet, il ne faut pas en faire trop à un prisonnier, quand il n'est lui-même qu'un grand enfant. Elle y pensa aussi, et il n'eut pas sur les doigts. Qui sait si elle ne s'était pas dit qu'il y a un raffinement de bonheur à jouer trois fois des rôles de fillette perdue, quand on les joue devant une mère chérie et qu'on n'a été ni enlevée par des bohémiens, ni exposée à être mangée par le loup?*

Lorsqu'il fut rendu au grand air, au bon clair soleil de tout le monde, le frérot se trouva tout gauche, tout embarrassé, avec sa grosse barbe en broussaille, devant la sœurette qui venait de quitter le pensionnat, transformée en belle grande jeune fille. Mais l'embarras ne dura point, il épousa la belle grande jeune fille; et, toujours comme dans les contes de fées, ils eurent deux fillettes qu'ils adorèrent.

Ces deux fillettes sont aujourd'hui vos mamans, mes chers petits, ma Jacqueline, mon Pierre, mon Yvet, mon Claudet; et c'est sous les yeux attendris de ces deux mamans et de votre tant bonne grand'mère que je vous dédie mes quatre comédies enfantines.

Je les aurais laissées dans le coffret où dorment les pieuses reliques de mon infortunée jeunesse; mais les autres mamans avaient parlé à leurs fillettes du prisonnier qui composait des piécettes pour elles, et les fillettes ont voulu les jouer à leur tour, dans le même pensionnat où avaient été élevées leurs mamans. C'est ainsi que vingt ans et même trente après leur première sortie dans le monde, elles se sont envolées du coffret, au bout de leurs doigts roses. C'est également ainsi que l'idée m'est venue de les publier pour tous les petits garçons et pour toutes les petites filles de toutes les mamans, en les plaçant sous la protection de votre joli sourire.

C. H.

CENDRILLON

PERSONNAGES

CENDRILLON
FRISETTE.
MAGALI.
LA FEE URGÈLE.
LE PRINCE CHARMANT
LE PORTIER.
LE CRIEUR.
Dames d'honneur, Gardes, Pages.

La scène se passe dans le pays des fées.

CENDRILLON

Le théâtre représente un salon élégant.

SCÈNE PREMIÈRE

FRISETTE, MAGALI, *devant une glace*

FRISETTE.

Ma sœur, me trouves-tu bien attifée ainsi?

MAGALI.

Suis-je assez belle avec les perles que voici?

FRISETTE.

Ne vois-tu nul défaut à ma ceinture rose?

MAGALI.

Crois-tu qu'à ma toilette il manque quelque chose?

FRISETTE.

N'est-ce pas que ces fleurs font un magique effet?

MAGALI.

Magique, c'est le mot; mais revenons au fait :
Dis-moi, serai-je un peu la reine de la fête?

FRISETTE.

Dis-moi, remarque-t-on mes dentelles?

MAGALI.

        Coquette!

FRISETTE.

Coquette, c'est parfait; mais laissons là ce point :
Aurai-je mon triomphe ou ne l'aurai-je point?

MAGALI.

Tu l'auras; penses-tu que je l'aurai de même?

FRISETTE.

Comment donc?

MAGALI.

    Quel bonheur!

FRISETTE.

       C'est ainsi que je t'aime.

MAGALI.

J'adore tes cheveux dans ces nœuds de rubans.

FRISETTE.

Et ta robe m'enchante avec ses plis tombants.

MAGALI.

Dans le septième ciel ta grâce me transporte.

FRISETTE.

Quel bonheur !

MAGALI.

Ton sourire est charmant de la sorte.

FRISETTE.

Si tu n'étais ma sœur, je te jalouserais.

MAGALI.

Si tu n'étais ma sœur, je te détesterais.

FRISETTE, *à part, sur le devant de la scène.*

Comme son fol orgueil lui fait perdre la tête !

MAGALI, *à part aussi.*

Dieu ! quelle vanité, cette pauvre Frisette !

FRISETTE.

Sa robe est ridicule.

MAGALI.

On la coiffe très mal.

FRISETTE.

Elle a sans doute cru qu'on est en carnaval.

MAGALI.

Quel tableau! Ses cheveux ont des raideurs d'étoupe.

FRISETTE.

Pour admirer sa grâce il faudrait une loupe.

MAGALI.

Que mâchonnes-tu là?

FRISETTE.

Je ne mâchonne rien.
Je disais simplement : « Qu'elle est belle! »

MAGALI.

Fort bien
Je le disais aussi, ma chère, pour ton compte.

FRISETTE.

C'est d'un bon cœur.

MAGALI.

Tu crois?

FRISETTE.

Si je crois?

MAGALI.

Quelqu'un monte.

SCÈNE II
FRISETTE, MAGALI, CENDRILLON.

FRISETTE.

Cendrillon de malheur, que viens-tu faire ici ?

MAGALI.

Le comble de l'audace !

FRISETTE.

Un toupet réussi !

MAGALI.

Eh quoi ! toujours céans provoquer des esclandres ?

FRISETTE.

Quand on est Cendrillon, on reste dans ses cendres.

MAGALI.

As-tu du moins lavé la vaisselle, ce soir ?

FRISETTE.

Et m'as-tu pour demain préparé mon peignoir ?

MAGALI.

Tu n'es qu'un ver de terre, et sans nous...

FRISETTE.

Qui t'appelle ?

CENDRILLON, *hésitant.*

Mes bonnes sœurs...

MAGALI.

Où sont vos sœurs, mademoiselle ?

FRISETTE.

Les beaux airs triomphants ne sont plus de saison.

MAGALI.

Tu ne mèneras plus à ton gré la maison,
Maintenant que la mort d'une mère nous laisse
Libres de te traiter sans stupide faiblesse.

CENDRILLON.

Je cherche en vain mes torts : que me reprochez-vous.

MAGALI.

Vous verrez qu'il faudra lui baiser les genoux !

CENDRILLON.

Vous me haïssiez moins quand j'étais plus petite.
Je suis pourtant toujours la même.

FRISETTE

Une hypocrite!

CENDRILLON.

Est-ce ma faute à moi si votre mère un jour
Me donna comme à vous ma part de son amour?
Je n'étais qu'une pauvre enfant abandonnée.
Nul appui, pas d'amis. Je semblais n'être née
Que pour subir l'assaut de toutes les douleurs;
Ce n'était pas pour moi qu'avril dorait les fleurs,
Et mes printemps étaient plus tristes que la tombe.

MAGALI.

Agneau sacrifié!

FRISETTE.

Malheureuse colombe!

MAGALI.

Tendre petit saint Jean prêchant hors du désert!

CENDRILLON.

Vous pouvez railler, vous qui n'avez point souffert.
Moi, j'ai longtemps vécu sans fêtes, sans dimanches.
L'été, pendant la nuit, je dormais sous les branches
Des chênes paternels qui sont les dieux des bois.
Aux foyers étrangers je réchauffais mes doigts

A la hâte, en passant, quand le givre et la neige
Me prenaient dans le froid comme une oiselle au piège.
Pas de mère au doux front pour me tendre la main !
J'allais mourir, hélas ! lorsque sur mon chemin,
A l'instant où ma vie était le plus amère,
Votre mère me dit : « Veux-tu qu'on soit ta mère ? »

FRISETTE.

Tu parles comme un livre.

MAGALI.

On t'a fait la leçon.

FRISETTE.

Et sur quel ton câlin elle dit sa chanson !

MAGALI.

Un rossignol, ma foi !

FRISETTE.

Nous la mettrons en cage

MAGALI.

En attendant, retourne en bas.

FRISETTE.

A ton ménage !

CENDRILLON.

J'y retourne, et pourtant quel aimable réveil !
Comme mon triste cœur s'emplirait de soleil,
Si vous vouliez...

MAGALI.

Quoi donc?

CENDRILLON.

A quoi bon vous le dire?
Je crains de vous fâcher ou de vous faire rire.

FRISETTE.

Parle.

CENDRILLON.

Je voudrais bien m'en aller avec vous
A la fête du prince. Il doit être si doux
De regarder, parmi les splendides toilettes,
Les hauts lambris dorés flamboyer sur les têtes !

FRISETTE.

Elle rêve d'aller chez le Prince charmant !

MAGALI.

Et nous conte cela tout naturellement !

FRISETTE.

Est-ce qu'on vit jamais les soubrettes admises
Aux festins du palais, à côté des marquises?

MAGALI.

Mais elle divague!

FRISETTE.

Elle est folle, en vérité!

MAGALI.

Fais-nous, pour le retour, une tasse de thé.

FRISETTE.

Sur ce, nous saluons humblement Votre Altesse

MAGALI.

Aux cendres, Cendrillon!

TOUTES DEUX, *en sortant.*

Adieu, belle princesse!

SCÈNE III
CENDRILLON.

CENDRILLON.

Triste enfant que je suis! Les cruelles s'en vont
Sans se douter, hélas! du mal qu'elles me font.

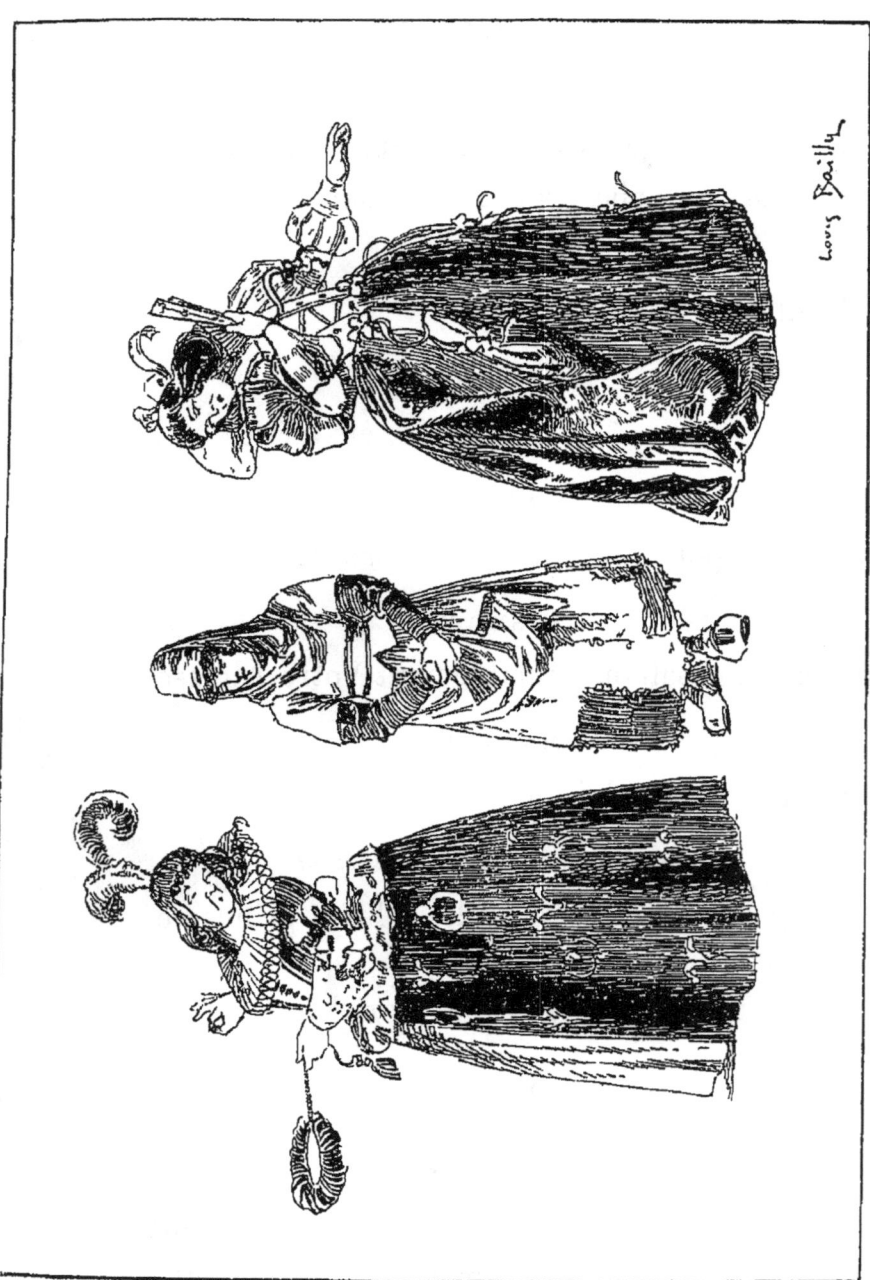

Aux cendres, Cendrillon!

(AIR : *Quand tu chantes, bercée*)

Loin du soleil qui brille
Je sens mon front ployer.
J'ai pour toute famille
Les grillons du foyer;
Et leur chant me répète,
Au retour des vents sourds :
   — Pleurez, pauvrette,
   Pleurez toujours !

Je vois les fleurs que j'aime
Et les cœurs se fermer :
C'est une loi suprême,
Pourtant, que de s'aimer
Seule et baissant la tête,
Je traîne mes pas lourds. .
   — Pleurez, pauvrette,
   Pleurez toujours !

A ma ruche on dérobe
Son doux rayon de miel.
Jamais de belle robe,
Couleur d'aube et de ciel !
Mon miroir ne reflète
Ni satin ni velours...
   — Pleurez, pauvrette,
   Pleurez toujours !

Plaignez-moi, bonnes âmes !
J'ai peur, j'ai froid, j'ai faim.
Quand donc dans l'âtre en flammes
Se taira-t-il enfin
Le chant qui me répète,
Au retour des vents sourds :
— Pleurez, pauvrette,
Pleurez toujours !

SCÈNE IV

CENDRILLON, LE PORTIER, LA FÉE URGÈLE

LE PORTIER, *derrière la porte.*

Tu ne franchiras pas, te dis-je, cette porte

LA FÉE URGÈLE, *avec une voix cassée*

Je la franchirai, dis-je, et le diable t'emporte !

LE PORTIER.

C'est trop fort.

LA FÉE URGÈLE.

J'entrerai.

LE PORTIER.

Je vais te châtier.

LA FÉE URGÈLE

Tu t'échauffes la bile, impétueux portier.

LE PORTIER.

Je ne suis pas portier, je suis concierge.

LA FÉE URGÈLE.

       Diantre!

LE PORTIER.

Et, dusses-tu céans me marcher sur le ventre,
Je ne permettrai pas...

CENDRILLON.

     Hé! que se passe-t-il?

LE PORTIER, *entrant et refermant la porte.*

C'est une vieille, louche, et maigre comme un fil,
Qui s'obstine à monter jusqu'ici.

CENDRILLON.

        Je l'approuve.

LE PORTIER.

Mais, c'est une diablesse!

CENDRILLON.

      A merveille!

LE PORTIER.

Une louve!

CENDRILLON.

Encore mieux!

LA FÉE URGÈLE.

Je suis sans asile et sans pain.
J'ai quatre-vingt-dix ans : il fait froid, et j'ai faim

LE PORTIER.

Vas-tu pas déguerpir? On ne tient point auberge.

CENDRILLON.

Ouvrez-lui.

LE PORTIER.

Sotte fille à damner un concierge!

LA FÉE URGÈLE.

Laissez-moi m'approcher du feu, pour un moment.

LE PORTIER.

Nous n'avons pas de feu.

LA FÉE URGÈLE.

Je grelotte.

LE PORTIER.

Elle ment.

LA FÉE URGÈLE, *toujours derrière la porte.*

(AIR : *C'est Bonhomme,* de Nadaud.)

Je suis la reine des fées,
Celle qui sourit toujours.
Que de roses j'ai greffées
Sur le rosier des amours !
Ma maisonnette, où scintille
L'aube éparse dans les airs,
N'est qu'une blonde coquille
Arrachée au flot des mers.

   C'est Urgèle
   Qu'on m'appelle.
Ma baguette est mon trésor :
Fée Urgèle vit encor !

(*La porte s'ouvre toute grande, la fée entre, sa baguette à la main, portant le costume des fées et continuant sa chanson, en présence de Cendrillon et du portier étonnés.*)

Aux pauvres gens en détresse,
L'hiver, je porte du bois.
Je me déguise en pauvresse
Pour m'asseoir sous d'humbles toits ;
Puis, quand tombent mes guenilles,
Je dépose en m'en allant
Une dot aux mains des filles
Qui m'ont coupé du pain blanc.

C'est Urgèle
Qu'on m'appelle ;
Ma baguette est mon trésor ;
Fée Urgèle vit encor !

J'assiste au baiser des sèves
Dans les chênes pleins d'oiseaux ;
J'apporte de jolis rêves
Aux bébés dans les berceaux ;
Je marie aux pâquerettes
Le bouton d'or printanier
Et dans les geôles muettes
Je souris au prisonnier.

C'est Urgèle
Qu'on m'appelle ;
Ma baguette est mon trésor :
Fée Urgèle vit encor !

Je me fais toute petite,
Si petite sans efforts,
Que dans une marguerite,
Quand il me plaît, je m'endors
Je collabore au mystère
Des épis dans les sillons
Et je donne aux vers de terre
Les ailes des papillons.

C'est Urgèle
Qu'on m'appelle ;
Ma baguette est mon trésor :
Fée Urgèle vit encor!

Et maintenant dis-moi, portier, si je me venge,
En quelle bête il va falloir que je te change.

LE PORTIER.

Ah! madame la fée, ayez pitié.

LA FÉE URGÈLE

Crois-tu
Que si je te disais : « Sois un pigeon pattu!... »

LE PORTIER.

Épargnez-moi.

LA FÉE URGÈLE.

Je puis, en baissant ma baguette,
D'une laine touffue habiller ton squelette,
T'allonger le visage en museau, te planter
Deux cornes sur le front ou te précipiter,
Grenouille au dos visqueux, dans les mares immondes.

LE PORTIER, *tombant à genoux*.

Bonne dame!

C'est Urgèle
Qu'on m'appelle.

LA FÉE URGÈLE.

Je puis te faire, en deux secondes,
Des griffes de vautour.

LE PORTIER.

Bonne dame !

LA FÉE URGÈLE.

Je puis
T'abreuver, vieux baudet, aux margelles des puits,
Rendre ton nez crochu comme un bec de perruche.

LE PORTIER.

Bonne dame !

LA FÉE URGÈLE.

Je puis coudre une aile d'autruche
A ton épaule gauche.

LE PORTIER.

Ah ! c'en est fait de moi !
Je rends l'âme. Pitié ! mes dents claquent d'effroi.

LA FÉE.

Si je t'emprisonnais dans une carapace?

LE PORTIER.

Je suis mort.

CENDRILLON.

Bonne fée, accordez-lui sa grâce.
Il n'est pas si méchant qu'il s'en est donné l'air.

LE PORTIER.

C'est juste.

CENDRILLON.

Un peu brutal, mais pas méchant.

LE PORTIER.

C'est clair

CENDRILLON.

Il tire si souvent le cordon qu'il enrage.
Mettons-nous à sa place.

LE PORTIER.

Admirable langage!

CENDRILLON.

Pardonnez.

LE PORTIER.

C'est la faute à ce chien de métier.

LA FÉE URGÈLE.

Cendrillon l'a voulu : relève-toi, portier!
Mais sache qu'ici-bas tous les êtres sont frères,

Qu'on ne s'enrichit pas à railler les misères,
Que le premier devoir est pour tous d'être bons,
Et que les mendiants, les gueux, les vagabonds
Dont tu dédaignerais les plaintes étouffées
N'ont pas tous, comme moi, la baguette des fées!

LE PORTIER.

Oh! je m'en souviendrai.

LA FÉE URGÈLE.

     Laisse-moi seule ici
Avec ma Cendrillon.

LE PORTIER, *se retirant.*

    Madame, grand merci!

SCÈNE V

CENDRILLON, LA FÉE URGÈLE.

LA FÉE URGÈLE.

Écoute, Cendrillon. L'été dernier, à l'heure
Où les belles de nuit que le phalène effleure
S'ouvrent à la clarté des astres, au moment
Où je cueille, songeuse, au bord du lac dormant,
La fleur du nénuphar que les flots ont brisée,
Je te vis entr'ouvrir lentement ta croisée,

Pâle et le front penché sur tes volubilis
Dont s'étaient repliés les pétales pâlis.
Tu rêvas, très longtemps, aux bruits confus de l'ombre.
Par instant, tu levais ton regard doux et sombre
Dans la sérénité du ciel qui s'étoilait.
Trois ou quatre lutins, coiffés de serpolet,
Te contemplaient, charmés, eux qui jettent des charmes !
Puis, tu pleuras. Alors je recueillis tes larmes,
Je compris tes sanglots, j'accusai le destin ;
Mais je repris mon vol dans la paix du matin ;
Et, depuis cette nuit, je pense à toi, mignonne :
Cendrillon est si belle et je la sais si bonne !

CENDRILLON.

Il est donc vrai qu'on m'aime et que je me trompais ?

LA FÉE URGÈLE.

Je t'apporte, ce soir, le bonheur et la paix.

CENDRILLON.

Quoi ! je ne serai plus Cendrillon la pauvrette ?

LA FÉE URGÈLE, *la touchant de sa baguette.*

Par les prés où fleurit la blanche pâquerette,
Par le dôme éternel qui s'arrondit sur nous,
Par le clapotement des flots sur les cailloux,
Par les sommets tout blancs de l'essor des colombes,

Par les petits berceaux et par les grandes tombes,
Par le divin soleil qui connaît le secret
Des rayons et des vents flottant dans la forêt,
Par le chant des marins sur la vague sonore,
Par la fuite du gnome au lever de l'aurore,
Par la rose effeuillant sa corolle d'or fin,
Par les monts, par les bois, par ma baguette enfin,
J'ordonne qu'à l'instant où cette main s'abaisse
La pauvre Cendrillon soit changée en princesse !
(La transformation s'opère.)

CENDRILLON.

prodige ! ô mon Dieu ! Comme on est belle ainsi !
D'où me vient, dites-moi, la robe que voici ?
Les jolis bracelets ! Quelles fines dentelles !
Ça fait sous les doigts comme un long tremblement d'ailes.
Je comprends maintenant les contes que j'ai lus :
a fée Urgèle existe, et Cendrillon n'est plus !

LA FÉE URGÈLE, *l'entraînant devant une glace.*

Comment vous trouvez-vous, ma princesse ?

CENDRILLON.

Quel songe !
Tout ceci n'est, hélas ! qu'un ravissant mensonge.
Comme je tomberai de toute ma hauteur,
Quand je m'éveillerai de ce rêve enchanteur !
Oh ! je tremble, je crains déjà qu'il ne s'achève.

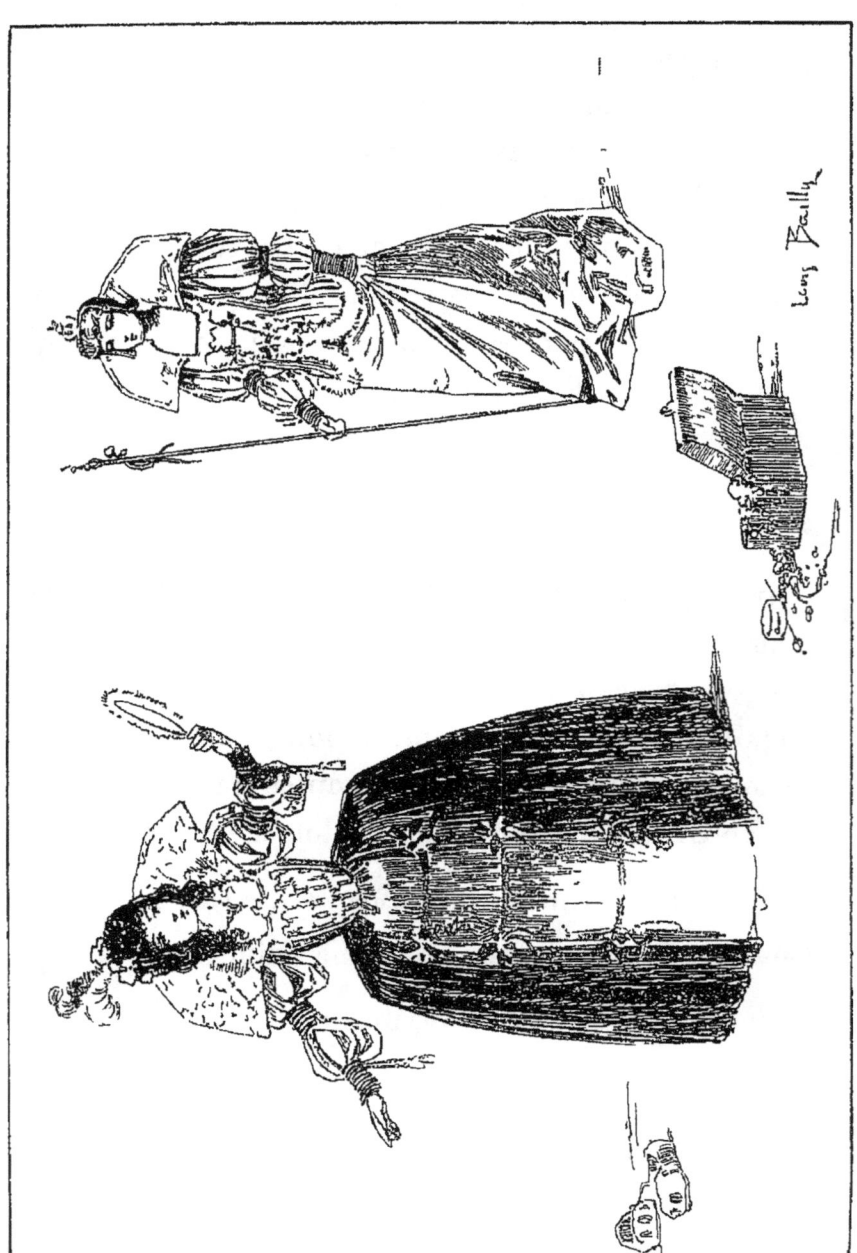

Tout ceci n'est, hélas ! qu'un ravissant mensonge.

LA FÉE URGÈLE.

Ne crains rien, mon enfant, car ce n'est point un rêve.
Que me demandes-tu de plus?

CENDRILLON.

Un peu d'argent.

LA FÉE URGÈLE.

Qu'en feras-tu?

CENDRILLON.

Du pain.

LA FÉE URGÈLE.

Pour qui?

CENDRILLON.

Pour l'indigent.
C'est l'hiver, et je sais bien des gens sans ressource.

LA FÉE URGÈLE.

Ton souhait s'accomplit dans ta poche.

CENDRILLON, *retirant une bourse de sa poche.*

Une bourse!

LA FÉE URGÈLE.

Que de noirs horizons viennent de s'éclairer!

CENDRILLON.

Et que de malheureux vont cesser de pleurer !

SCÈNE VI

CENDRILLON, LA FÉE URGÈLE, LE PORTIER.

LE PORTIER, *tombant sur une chaise.*

Au secours ! du vinaigre ! au secours ! je trépasse

CENDRILLON.

Que vous arrive-t-il ?

LE PORTIER.

     Tout a changé de face :
Les rats sont des chevaux, le monde est renversé.

CENDRILLON.

Que voulez-vous nous dire et que s'est-il passé ?

LE PORTIER.

Je ne vous connais pas, mademoiselle. Un nègre
M'a dit que l'on attend Cendrillon. Du vinaigre !
Du vinaigre ! Je suis un homme à demi mort.

CENDRILLON.

Ne connaissez-vous plus Cendrillon ?

LE PORTIER, *regardant fixement Cendrillon.*

C'est trop fort !

Du vinaigre !

CENDRILLON, *présentant un flacon.*

Voici. Je crois que quelques gouttes .

LE PORTIER, *tout en buvant*

Ces gouttes font du bien. Si je les buvais toutes ?
Mais qui donc a changé le vinaigre en vin blanc ?
(*Rendant le flacon vide.*)
Vous m'avez donné là d'un vinaigre excellent !

LA FÉE URGÈLE.

Or çà, vas-tu nous dire en deux mots quelle affaire ..

LE PORTIER.

C'est que je ne sais pas... la chose n'est pas claire .

CENDRILLON.

Parle toujours.

LE PORTIER.

J'étais dans ma loge à songer,
Lorsque j'ai vu le bas des murailles bouger,
Comme si l'on tentait d'y faire une ouverture.
Je m'approche, voulant m'expliquer l'aventure.
La muraille s'entr'ouvre. Une bande de rats,

Gros, petits et moyens, plus maigres ou plus gras,
Sort de la fente et court s'aligner sur deux files,
Très gentiment, avec des façons très civiles.
Un chat survient, les poils retroussés au menton.
Un grand diable de rat lui présente un bâton :
Il le saisit et prend la tête de la bande.
Tous emboîtent le pas au chat qui les commande
J'ai le frisson. La peur glace mes os. Je sors.
Les ratons et les rats me poursuivent dehors ;
Mais ici s'accomplit un changement étrange :
Un petit nègre accourt, souffle sur une orange
Qu'il tire de sa poche, et floc! en un instant
L'orange est devenue un carrosse éclatant.
Maître Chat monte au siège et fait bonne figure.
Le régiment des rats s'attelle à la voiture.
Alors, venant à moi, monsieur le négrillon
Me dit : « O porte-clés, va-t'en chez Cendrillon
Annoncer, sans tarder, que sa voiture est prête ! »
Le nègre disparaît. Je me gratte la tête,
Je me pince les bras, je crois dormir debout ;
Je gravis l'escalier et je vous conte tout.

LA FÉE URGÈLE.

Ne saisissez-vous point ce que ça signifie?

LE PORTIER.

J'y perdrais mon latin et ma philosophie.

CENDRILLON.

Moi, je devine un peu.

LA FÉE URGÈLE.

N'as-tu pas, un moment,
Fait le souhait d'aller chez le Prince charmant
T'asseoir comme tes sœurs à son banquet de fête?
Eh bien! vole au palais, sans que l'on t'inquiète.
Seulement, prends bien garde, avant minuit tu dois,
Plus prompte que le vent, revenir sous ces toits;
Car le charme que j'ai jeté sur ta personne
Est de ceux qui s'en vont sitôt que minuit sonne.
Embrassons-nous et pars.
(Elles s'embrassent)
Cette enfant me séduit.

CENDRILLON.

Adieu. Vous me comblez.

LA FÉE URGÈLE.

Rappelle-toi minuit.

SCÈNE VII

LA FÉE URGÈLE, LE PORTIER.

LA FÉE URGÈLE.

Maintenant, à nous deux !

LE PORTIER, *à part*

Quelque nouvelle tuile ?

LA FÉE URGÈLE.

Tout à l'heure as-tu bu du vinaigre ou de l'huile ?

LE PORTIER.

J'ai dégusté d'un vin...

(*A part.*)

— Soyons franc, c'est plus sûr ! —

(*Haut.*)

Qui m'a produit l'effet d'un flot d'or et d'azur
Me passant à travers le gosier.

LA FÉE URGÈLE.

A merveille !
N'en viderais-tu pas encore une bouteille ?

LE PORTIER.

Trois ou quatre, au besoin, et sans le moindre effort.

LA FÉE URGÈLE.

Nous en recauserons; mais dis-moi tout d'abord
Si tu te sens de taille à garder le silence
Sur ce qui s'est passé ce soir en ta présence.

LE PORTIER.

Si je le garderai? Madame, en doutez-vous?
Je suis un bon concierge, un homme simple, doux,
Et qui ne dit jamais du mal des locataires.
J'ai déjà bien assez de mes propres affaires,
Sans me mettre à parler des affaires qu'ils ont.
Je n'aime pas, c'est vrai, le monsieur du second,
Qui m'accuse d'avoir décacheté ses lettres.
Toujours sur mon tapis à secouer ses guêtres !
Quant aux gens du premier, je les hais : leur roquet
A fait hier matin peur à mon perroquet.
Et la fière marquise à la lèvre pincée,
Qui tient depuis un an notre rez-de-chaussée !
Elle ne me rend pas seulement mon bonjour.
Le troisième est horrible : on y bat du tambour.
Le quatrième, affreux ! une dame y pianote,
Et c'est pendant des mois entiers la même note !
Le cinquième, effrayant, et le sixième aussi !
Mais je suis mille fois trop discret, Dieu merci !
Pour conter aux voisins, ravis d'ouïr médire,
Que la marquise est laide et qu'on ne peut sans rire

La regarder passer en se donnant des airs ;
Que monsieur Clopinel a ses petits travers,
Et que souvent, malgré sa démarche orgueilleuse,
La grande Virginie emprunte à sa tailleuse.

LA FÉE URGÈLE.

Ainsi tu te tairas sur les faits de ce soir ?

LE PORTIER.

Comme un poisson.

LA FÉE URGÈLE.

C'est bien. Je m'en vais. Au revoir.
Souviens-toi que j'aurais pu te changer en bête,
Rien qu'en touchant ton front du bout de ma baguette,
Et que si maintenant ta langue remuait,
Sans pitié, sur le coup, je te rendrais muet !

SCÈNE VIII
LE PORTIER.

LE PORTIER, *après avoir compté les douze coups de minuit qui sonne.*

(AIR : *les Gueux*, de Béranger.)

Drelin din din !
Quand c'est minuit plein,

Bonsoir, le voisin !
On sonne en vain !

Dans mon gilet de flanelle
Et coiffé d'un bonnet blanc,
A minuit, quand on m'appelle,
Je m'endors ou fais semblant.
 Drelin din din ! etc.

Je m'endors ou je caresse
Quelque flacon généreux :
Quelle douceur dans l'ivresse
Qui fait un concierge heureux !
 Drelin din din ! etc.

Que vois-je sur cette table ?
J'ai des frissons dans le dos ;
C'est, je crois, de par le diable,
Un litre de vieux bordeaux.
 Drelin din din ! etc.

Examinons l'étiquette :
Holà ! c'est du vin clairet,
Comme un concierge en goguette
N'en boit pas au cabaret.
 Drelin din din ! etc.

La belle couleur vermeille !

Et comme je suis tenté !
Je vide cette bouteille,
Fée Urgèle, à ta santé !
Drelin din din ! etc.

(Il veut boire ; mais au moment où le goulot de la bouteille s'approche de ses lèvres, il devient immobile comme une statue de marbre et reste forcement debout dans cette position. Le second coup de minuit sonne. A ce moment, retour de Frisette et de Magali.)

SCÈNE IX

LE PORTIER, FRISETTE, MAGALI.

FRISETTE, *du fond de la scène.*

Ce n'est pas étonnant qu'il n'ouvre pas la porte.

MAGALI.

Qu'a-t-il à faire là ?

FRISETTE.

Que boit-il de la sorte ?

(Elles se rapprochent.)

MAGALI.

Ne vous dérangez pas, concierge mon ami.

FRISETTE.

Il ne bouge pas plus qu'un ivrogne endormi.

MAGALI, *le secouant.*

Hé, portier! Hé, bonhomme!

FRISETTE, *le secouant aussi.*

Hé, portier! Hé, bonhomme!

MAGALI.

Répondez-nous!

FRISETTE.

S'il dort, c'est d'un étrange somme.

LE PORTIER, *toujours immobile et parlant par saccades.*

Je confesse que j'ai voulu boire ce vin,
— Qu'on m'a changé sur place en statue et qu'enfin —
Si je détiens ce litre en attendant qu'on l'ôte,
C'est ma faute — ma faute — et ma très grande faute! —

(*En disant ces derniers mots, il se donne trois coups de bouteille dans la poitrine, puis revient à son premier état.*)

Mesdemoiselles, j'ai grand tort; mais, voyez-vous,
Il s'est passé des faits si merveilleux chez nous!
Et puis, ce vin avait une couleur si nette!
Je n'avais pas l'esprit en plein dans son assiette,
Et si je vous contais...

TOUTES DEUX.

Quoi donc?

Que boit-il de la sorte ?

LE PORTIER.

          Qui le croirait?
On m'a recommandé de garder le secret.

MAGALI.

Et vous le garderez, votre secret?

LE PORTIER.

           Sans doute.

FRISETTE.

On verra bien. Parlez, et vite.

MAGALI.

         On vous écoute.

LE PORTIER.

Je vous dis qu'on m'a dit qu'on me rendrait muet,
Si pour raconter ça ma langue remuait!

MAGALI.

Nous n'exigeons pas moins que vous parliez sur l'heure.

FRISETTE.

On écoute toujours, concierge.

LE PORTIER.

          Que je meure,
Si sur ces choses-là je desserre les dents!

MAGALI.

Pour le flacon volé l'on vous mettra dedans,
Si vous vous obstinez de la sorte à vous taire.

FRISETTE, *faisant mine de sortir.*

Moi, je cours avertir monsieur le commissaire.

LE PORTIER, *la retenant.*

De grâce !

FRISETTE.

Parlez donc.

LE PORTIER.

Je parle. Cette nuit,
Un chat qu'un ba-ba-ba-ta-ta-illon de rats suit
M'a-m'a fort effrayé. La fée Urgèle lègue
Son pouvoir à Cen-Cen... Voilà que je suis bègue !
Si je deviens muet, j'en perds-perds la raison.

MAGALI.

Allez-vous préférer qu'on vous mette en prison ?

LE PORTIER.

Ma pauvre langue ! Elle est dé-déjà moitié morte ;
Et j'ai-j'aime-me tant à m'en servir !

FRISETTE.

Qu'importe ?

LE PORTIER.

Les rats-rats, le chat-chat, le-le-né-négrillon ..
(*Il ouvre la bouche toute grande, ne peut proférer aucun son et se livre à des gestes d'épouvante*)

FRISETTE.

Est-il déjà muet?

MACALI.

Il faut voir Cendrillon !
(*Elles sortent*)

SCÈNE X

LE PORTIER, CENDRILLON.

CENDRILLON, *vêtue pauvrement comme à la scène II.*

Aucune de mes sœurs n'est encore venue?
(*Le portier exprime qu'elles sont dans la chambre voisine.*)

CENDRILLON.

Au gala de ce soir m'ont-elles reconnue?
(*Le portier fait un signe négatif*)

CENDRILLON.

Vous ne répondez que par signes.
(*Le portier exprime qu'il est devenu muet, puis il sort.*)

CENDRILLON.
                    Qui l'a
Fait en si peu de temps muet comme cela?

SCÈNE XI
CENDRILLON.

CENDRILLON.

Quelle nuit merveilleuse et que d'étranges choses!
Mes pieds sur des tapis tout constellés de roses
A deux pas de mes sœurs, en ce vaste palais!
Et dire que le Prince, entouré de valets,
M'a souri doucement, doucement, comme un frère!
J'errais dans de la joie et dans de la lumière,
Et nul n'aurait osé me demander pourquoi
J'assistais à la fête. On attachait sur moi
De longs regards plus vifs que la clarté des lustres.
Je voyais devant moi les fronts les plus illustres
S'incliner. On songeait : « C'est une reine ou bien
Quelque fée. » Et j'allais, grave, ne disant rien.
Minuit sonne. Je pars, je vole, je m'essouffle
A courir; mais je perds en route ma pantoufle;
Et l'horloge a déjà sonné deux fois minuit.
Tout à coup, rien, plus rien! Ma voiture s'enfuit,
Maître chat disparaît, et sans fleurs, sans toilette,
Cendrillon redevient Cendrillon la pauvrette.

SCÈNE XII

CENDRILLON, FRISETTE, MAGALI.

FRISETTE.

Dans quel coin nichais-tu?

MAGALI.

Quel joli sans-façon !

FRISETTE.

Es-tu restée au moins seule dans la maison,
Cette nuit, tout le temps qu'a duré notre absence?

MAGALI.

Ne s'est-il rien passé d'étrange en ta présence?

CENDRILLON.

On m'a parlé d'un grand événement.

FRISETTE.

Vraiment?

CENDRILLON.

Il paraîtrait qu'on a, chez le Prince charmant,
Reçu, sans savoir d'où la belle était venue,
Une jeune princesse à la cour inconnue,

Et que cette princesse au long voile éclatant
Me ressemblait un peu, bien qu'elle eût l'air content.

FRISETTE, *riant.*

Elle te ressemblait? L'histoire est adorable.

MAGALI, *riant aussi.*

A-t-on jamais au monde oui rien de semblable?

FRISETTE.

Petite laideron!

MAGALI.

Cendrillon à la cour!

FRISETTE.

Mais quel est tout ce bruit et pourquoi ce tambour?

CENDRILLON, *à part*

Est-ce encore la fée Urgèle, ma maîtresse,
Qui prépare un prodige où je serai princesse?

(*La porte s'ouvre toute grande. Le Prince charmant, avec sa cour — pages, gardes, dames d'honneur, etc., — fait son entrée sur la scène. Une petite fille porte sur un plat d'or la pantoufle de Cendrillon Le portier se mêle aux personnages Un crieur bat du tambour*)

SCÈNE XIII

CENDRILLON, FRISETTE, MAGALI, LE PRINCE ET SA COUR, LE PORTIER, LE CRIEUR.

LE CRIEUR

(AIR : *Hommes nous, d'où sortez-vous ?*)

Pauvre batteur du pavé,
Je perds la voix et le souffle
A crier qu'on a trouvé
Chez le Prince une pantoufle.
Monseigneur m'a dit : « Traderi dera,
Ce n'est que ma sœur qui la chaussera.
Va-t'en l'annoncer, maroufle,
Comme l'on publie un événement! »
Ra ta ra ta plan!
Ra ta ra ta plan!
Où donc est la sœur du Prince charmant?

Elle aura le beau palais,
Le beau palais où bourdonne
Toute un cour de valets
Au bas des marches du trône.
Elle aura les prés, les parcs et les bois
Où vient se blottir le cerf aux abois.

Elle aura sur sa couronne
Des fleurs de topaze et de diamant.
　　Ra ta ra ta plan !
　　Ra ta ra ta plan !
Où donc est la sœur du Prince charmant ?

　　Elle dormira, le front
　　Sous un dais de gaze rose,
　　Et les rêves d'or viendront
　　Fleurir sa lèvre mi-close.
On verra le ciel avec le soleil
Pour la saluer rire à son réveil ;
　　Et quelle splendide chose
Que tant de bonheur lui vienne en dormant !
　　Ra ta ra ta plan !
　　Ra ta ra ta plan !
Où donc est la sœur du Prince charmant ?

LE PRINCE CHARMANT.

Ce qu'on vient d'annoncer est la vérité même.

MAGALI.

L'ouïr de votre bouche est un honneur suprême

FRISETTE.

Puissiez-vous retrouver la sœur que vous cherchez !

LE PRINCE CHARMANT.

Et maintenant, bourgeois, manants, vous tous, sachez
Que notre bonne fée Urgèle, ma marraine,
M'a promis le retour de la petite reine.
Elle vit, elle souffre et pleure quelque part;
Mais malheur aux méchants, si j'arrivais trop tard
Pour sauver à jamais la pauvre chère belle!
Un sort mauvais avait été jeté sur elle,
Et bien des fois, hélas! ma mère me l'a dit.
Elle était au berceau, quand un affreux bandit
Vint la lui dérober par une nuit d'orage.
On le traqua vingt jours au fond d'un bois sauvage :
Il fut cerné, saisi, lié, jugé, pendu;
Mais notre doux trésor ne nous fut pas rendu.
C'était pour on ne sait quelle horrible chimère
Que cet homme avait pris son enfant à ma mère.
Or, dame Urgèle vient de me dire ceci :
« Celle qui, cette nuit, seule aura réussi
A chausser la pantoufle au palais égarée,
Vous pourrez la nommer votre sœur adorée! »

MAGALI.

Le bon prince!

FRISETTE.

Mes yeux sont doucement noyés
De larmes. Je voudrais...

LE PRINCE CHARMANT.

Allons, page, essayez!

UN PAGE, *essayant la pantoufle à Frisette.*

Voici.

FRISETTE, *à part.*

Forçons un peu. Si je pouvais la mettre?

LE PAGE.

Bah! le pied n'entre point.

MAGALI.

Il n'entre point?

FRISETTE.

Peut-être?

LE PAGE.

Impossible!

(Même jeu, devant Magali.)

Voici.

MAGALI.

Mon pied est fait à point.

LE PAGE.

Il est petit, c'est vrai; mais, dame! il n'entre point.

CENDRILLON, *au page.*

Et moi, vous m'oubliez !

MAGALI, *bas.*

Crois-tu que l'on s'occupe
De toi?

FRISETTE, *bas*

Ne vas-tu pas avec ta vieille jupe
Te mettre sur les rangs?

LE PRINCE CHARMANT.

Hé! que fais-tu là-bas,
Petite, et pourquoi donc ne t'approches-tu pas?

CENDRILLON.

Page, voici mon pied.

LE PAGE.

Comme il est mignon !

UN AUTRE PAGE.

Diantre !

UNE DAME D'HONNEUR.

Il n'entrera point.

DEUXIÈME DAME D'HONNEUR.

Si !

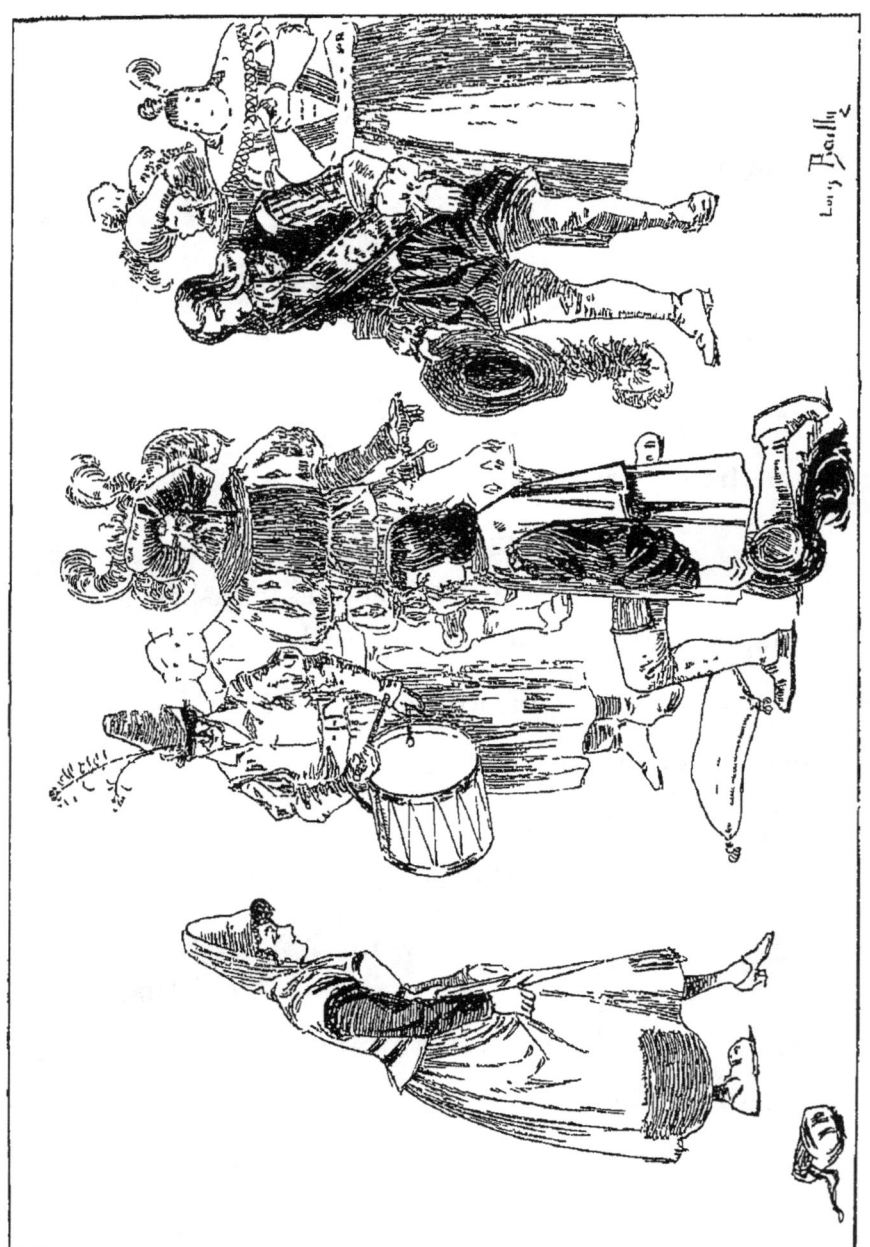

La pantoufle est la sienne et le pied est chaussé!

TROISIÈME DAME D'HONNEUR.

Ma foi, je crois qu'il entre.

LE PAGE.

Il entre!

LE PRINCE CHARMANT.

Pourquoi suis-je à ce point oppressé?

(*L'essai reussit.*)

La pantoufle est la sienne et le pied est chaussé!

(*Il se jette dans les bras de Cendrillon, qui redevient aussitôt la princesse de la scene V. La fee Urgèle apparaît de nouveau*)

SCÈNE XIV

Les Précédents, LA FÉE URGÈLE.

LA FÉE URGÈLE.

Enfants, soyez heureux! La bonne fée Urgèle
Vous bénit. Aimez-vous à l'ombre de son aile,
Et vivez. Le destin s'est pour vous accompli,
Et Cendrillon confond Frisette et Magali.

CENDRILLON.

Oh! ce qu'elles m'ont fait souffrir, je le pardonne.
Plus on a de bonheur, plus on doit être bonne.
Je ne me souviens plus, pourvu qu'en leur chemin

Elles protègent ceux qui leur tendront la main
Elles furent mes sœurs, leur mère fut ma mère,
Et c'est si bon d'aimer quand on retrouve un frère !

MAGALI ET FRISETTE, *tombant à genoux.*

Princesse !

CENDRILLON.

Levez-vous. Je vous ouvre mes bras.

MAGALI.

Oh ! nous t'aimerons bien.

FRISETTE.

Et tu nous aimeras.

LE PRINCE CHARMANT.

Ma sœur ! C'est bien ainsi que je l'avais rêvée !

CENDRILLON.

Mon frère !

LE PRINCE CHARMANT.

Et c'est ainsi que je l'ai retrouvée !

LA FÉE URGÈLE, *à part.*

Mon plan était parfait et je l'ai bien conduit.

CENDRILLON.

Ah! que d'heureux on fait dans une seule nuit!
>*(Le portier se place devant la fée et se livre à une mimique extraordinaire.)*

LE PRINCE CHARMANT.

Ce gaillard-là va-t-il nous faire une harangue?

LE PORTIER.

Moi? je ne parle plus : on m'a coupé la langue.
Mais, au fait, c'est passé : je parle maintenant.

LA FÉE URGÈLE.

Nous avons oublié...

LE PORTIER.

     Magnifique! Étonnant!

LA FÉE URGÈLE.

Garde-toi cependant de jaser et de boire
Aux dépens du prochain.

LE PRINCE CHARMANT, *à Cendrillon.*

       Prends ta part de ma gloire :
Mes palais, mes trésors, tous mes biens sont à toi!

CENDRILLON.

La gloire! Ce n'est point ce qu'il me faut à moi.

Cendrillon est peu faite aux vanités du trône,
Et l'humble fleur des champs suffit à sa couronne.

LA FÉE URGÈLE.

Il est dans les cachots plus d'un vieux révolté

CENDRILLON.

tous ces malheureux rendons la liberté.

LA FÉE URGÈLE.

Que toute haine soit en amour convertie !

CENDRILLON.

Et courons de ce pas proclamer l'amnistie.

RIDEAU

LA BOITE A MUSIQUE

PERSONNAGES

NOELLIE.
LE COMTE D'ARTÈME.
LA COMTESSE D'ARTÈME.
BRIDANON, maire
MADAME BRIDANON.
GEORGES, leur fils, collégien en vacances.
NOÉMIE, servante.
DURENFLÉ, garde champêtre.

Paysans et Paysannes.

La scène se passe à la campagne.

LA BOITE A MUSIQUE

Le théâtre représente un coin de verdure, dans la campagne. Noellie est endormie sur un banc de gazon, à côté de sa guitare.

SCÈNE PREMIÈRE
GEORGES, NOELLIE.

GEORGES, *un crayon et un papier à la main.*

« A quoi bon chanter le manoir,
A l'heure où le malheureux père
Ne peut même à sa vieille mère
Donner un morceau de pain noir? »
Que ces vers-là sont doux! Plus je me les répète,
Plus je sens que mon cœur est celui d'un poète.
J'aurais pu mal les coudre et les estropier,
Car je les ai d'un jet couchés sur le papier.
Mais j'ai je ne sais quoi dans l'âme qui me pousse
A trouver le mot juste, à rimer sans secousse,
Et je fais de beaux vers comme le pré fleurit.

J'ai seize ans, de l'entrain, du toupet, de l'esprit,
Et j'irai loin. Je suis fils de monsieur le maire,
Quoique né paysan du côté de ma mère.
On verra bien. Je veux, avant de retourner
Au collège, me faire en plein jour couronner
Au grand concours de vers qui doit cette semaine
S'ouvrir à l'Institut de Brive-la-Garenne.
O Muse, inspire-moi! Relisons-nous d'abord.

NOELLIE, *à part, s'eveillant.*

Quel est ce beau monsieur qui babille si fort?

GEORGES.

Ah! mon pauvre cerveau, l'on te farcit de thèmes!
Que c'est petit pour moi! Je vais dans les poèmes
Comme en un bain de lait m'enfoncer jusqu'au cou :
Je suis poète!

NOELLIE.

Quoi! Ce garçon serait fou?

GEORGES, *gesticulant.*

Vents qui passez, j'ai lu qu'à la voix de Pindare
Vous soupiriez jadis ainsi qu'une guitare!
J'ai trempé comme lui mon luth harmonieux
Dans le flot poétique où s'abreuvent les dieux :
Voyons si je saurai comme lui faire naître
Un accord dans ces bois que mon souffle pénètre!

(*Il chante sur un air ridicule qu'il improvise.*)

« A quoi bon chanter le manoir,
A l'heure où le malheureux père
Ne peut même à sa vieille mère
Donner un morceau de pain noir? »

(*A peine a-t-il fini son chant que Noëllie commence une ritournelle sur sa guitare.*)

GEORGES.

Une guitare! ô Ciel! ô touchante merveille!
En croirai-je l'écho, mes yeux et mon oreille?

NOELLIE.

Croyez-en Noëllie.

GEORGES.

O déesse!

NOELLIE.

Pourquoi
M'appelez-vous déesse?

GEORGES.

A tes pieds, devant toi,
Je...

NOELLIE.

Vous me tutoyez.

GEORGES.

Pardon si je m'oublie.
Virgile tutoyait...

NOELLIE.

Parlez-moi sans folie.
Depuis quand êtes-vous malade, mon ami?

GEORGES.

Moi! Je n'ai jamais mieux trotté, mangé, dormi.

NOELLIE.

Vraiment? Vous me trompez.

GEORGES.

Non, je vous le répète.

NOELLIE.

Pourquoi disiez-vous donc que vous êtes poète?
Je pensais que c'était un mal que vous aviez :
N'avais-je pas raison?

GEORGES,

Un mal? oh! vous riez!

NOELLIE.

Je ne ris pas. Je dis qu'un jeune homme qui passe,
Menaçant du regard les oiseaux dans l'espace,

Pourquoi disiez-vous donc que vous êtes poëte?

Envoyant aux ormeaux des saluts de la main,
Ayant l'air de chercher dans le ciel un chemin,
Comme s'il en rêvait la suprême escalade,
Fût-il gras comme vous, n'est qu'un simple malade.

GEORGES, *le doigt sur le front.*

Déesse, en quatre mots, j'ai quelque chose là

NOELLIE.

Je vous le disais bien.

GEORGES.

Un brasier !

NOELLIE.

C'est cela.

GEORGES.

Une forge !

NOELLIE

C'est juste.

GEORGES.

Un volcan !

NOELLIE.

C'est logique
N'avez-vous pas aussi quelque peu de colique ?

GEORGES.

Non.

NOELLIE.

De la fièvre?

GEORGES.

Non.

NOELLIE.

Vous avez au cerveau
Quelque dérangement, le cas n'est pas nouveau
Si jeune et déjà fou!

GEORGES.

Que la muse me damne!
Je suis poète!

NOELLIE.

Alors prenez de la tisane.

GEORGES.

Ah! par pitié pour moi, ne raillez pas ainsi.

NOELLIE.

Bon monsieur, je vous plains de tout mon cœur.

GEORGES.

Merci!

Mais, dites-moi, pourquoi vous cacher de la sorte?
Certains auteurs latins racontent...

NOELLIE.

Peu m'importe.

GEORGES.

Racontent qu'on a vu quelquefois sans façon
Des nymphes conseiller des poètes.

NOELLIE.

Chanson !

GEORGES.

Minerve et Calypso...

NOELLIE.

Ce sont des noms de femmes?

GEORGES.

Ont...

NOELLIE.

Je n'ai pas l'honneur de connaître ces dames.
Je suis une chanteuse errante. C'est la faim
Qui réveille ma voix : ma guitare est mon pain.
Je m'en vais chaque jour de chaumière en chaumière
Gazouiller un couplet qui s'achève en prière ;
On m'écoute, et l'on m'aime, et les petits enfants,
Gais, attachant sur moi leurs beaux yeux triomphants,

Me font de leurs bras ronds une charmante chaîne.
J'ai bien souvent pleuré; mais j'ignore la haine,
Parce que j'ai compris que l'amour est dans tout,
Et si l'on m'aime un peu, vite j'aime beaucoup.
Quand je suis seule avec mes rêves, je m'amuse
A faire bavarder ma mémoire confuse.
Je me revois alors dans de la clarté. L'air
Me donne des baisers de parfums. Le ciel clair
Contient plus d'infini qu'au pays où nous sommes.
Là les mots chantent mieux dans la langue des hommes
Mon père est un seigneur pensif dans son château,
Et je revois le lac, les vignes, le coteau.
Un très belle dame, assise à la fenêtre,
Me berce entre ses bras : c'est ma mère peut-être !
Et je songe, et mon cœur palpite. Puis, adieu
Les vignes, le château, ma mère et le lac bleu !
Des haillons brodés d'or, des clameurs dans la foule,
Des planches que l'on dresse, une maison qui roule,
C'est ma vie. Un matin, j'ai quatorze ans, je pars,
Rieuse, les pieds nus et les cheveux épars.
Je vais, je vais toujours; mais la route m'égare,
Et je demeure, hélas ! seule avec ma guitare.
Je vous ai tout conté pour vous distraire un peu
Dites-moi maintenant qui vous êtes.

GEORGES.

                                  Parbleu !
Vous le savez fort bien.

NOELLIE.

                      Fort mal, je vous le jure.

GEORGES, *emphatiquement.*

Je suis le rossignol de ce nid de verdure !

SCÈNE II

NOELLIE, GEORGES, NOÉMIE.

NOÉMIE, *entrant brusquement en scène.*

Vrai, je ne savions point que monsieur Bridanon
A de simples oiseaux pouvait donner son nom.
Voilà plus de trente ans que j'avons ce bon maître,
Et, s'il est rossignol, il le fait peu paraître :
Il ne chante jamais. Raisonnons, s'il vous plaît.
Je vous ai vu petit comme un petit poulet ;
Mais, pour vous garantir de la pluie et des rhumes,
Quand donc, monsieur l'oiseau, vous poussa-t-il des plumes ?

    (*A Noellie.*)

Pauvrette, mon enfant, je ne connaissions point
Votre joli museau ; mais il est fait à point
Pour qu'on vous aime un brin, sitôt qu'on l'examine.

NOELLIE, *riant*.

Il ne faut pas juger les nymphes sur la mine.

NOÉMIE.

Je vous ai tous les deux écoutés en passant.

GEORGES.

C'était du temps perdu.

NOÉMIE.

C'était divertissant.

GEORGES, *rêvant*.

Je serai couronné.

NOÉMIE.

Notre jeune homme songe.

GEORGES.

L'idéal est un fleuve où mon être se plonge.

NOEMIE.

En plongeant trop l'on perd la soif et l'appétit.

NOELLIE.

Monsieur, ne plongez pas.

GEORGES.

Que ce monde est petit !
Je m'en vais.

NOELLIE.

Restez donc.

GEORGES.

Ma victoire s'apprête.

NOÉMIE.

C'est bien. Vous, mon enfant, croquez cette galette.

NOELLIE.

Vous êtes bonne, bonne, et mon cœur s'y connaît.

GEORGES.

Je m'en vais sur ce mot essayer un sonnet.

SCÈNE III
NOELLIE, NOÉMIE.

NOÉMIE.

Quel étrange étourneau que ce rossignol !

NOELLIE.

J'aime
A le voir prendre au vol les phrases que je sème.

NOÉMIE.

Je sommes simplement une fille des champs ;
Mais je nous connaissons dans les propos touchants,
Et je devinons ben que tout comme un vicaire
Vous nous feriez pleurer, si vous montiez en chaire.
Tenez, embrassez-moi, vous êtes un trésor.

NOELLIE, *l'embrassant.*

Pour le pauvre qui souffre un baiser est de l'or.
Mais quel est ce vieillard sévère qui s'avance?
Il a l'air de souffrir. Consolons-le.

NOÉMIE, *mystérieusement*

Silence !

SCÈNE IV

NOELLIE, NOÉMIE, LE COMTE.

LE COMTE, *l'œil égaré.*

Est-ce vous qui m'avez tué dans ma maison?

NOÉMIE, *bas à Noellie*

La perte de sa fille a troublé sa raison.

NOELLIE

Hélas!

LE COMTE.

Qui donc a fait de moi, comte d'Artème,
Une ombre renfermant le néant de moi-même?
Je vivais, on m'a pris mon être, je suis mort,
Et sur moi maintenant il souffle un vent si fort
Que je frissonne comme un vain feuillage.

(*A Noellie.*)

Écoute,
Petite. D'où viens-tu? N'as-tu pas sur ta route
Rencontré mon bonheur? Mon bonheur a seize ans,
Gazouille, chante, rit, jase avec les passants.
Un jour il est parti comme l'oiseau s'envole.
Comme on est peu de chose et que la vie est folle!

NOÉMIE.

Pour ne pas le troubler, tenons-nous à l'écart.

NOELLIE.

Que grande est ma pitié pour ce triste vieillard!
(*Elles se retirent.*)

SCÈNE V
LE COMTE.

LE COMTE.

Ma fille! ô souvenir! lointain lever d'aurore!

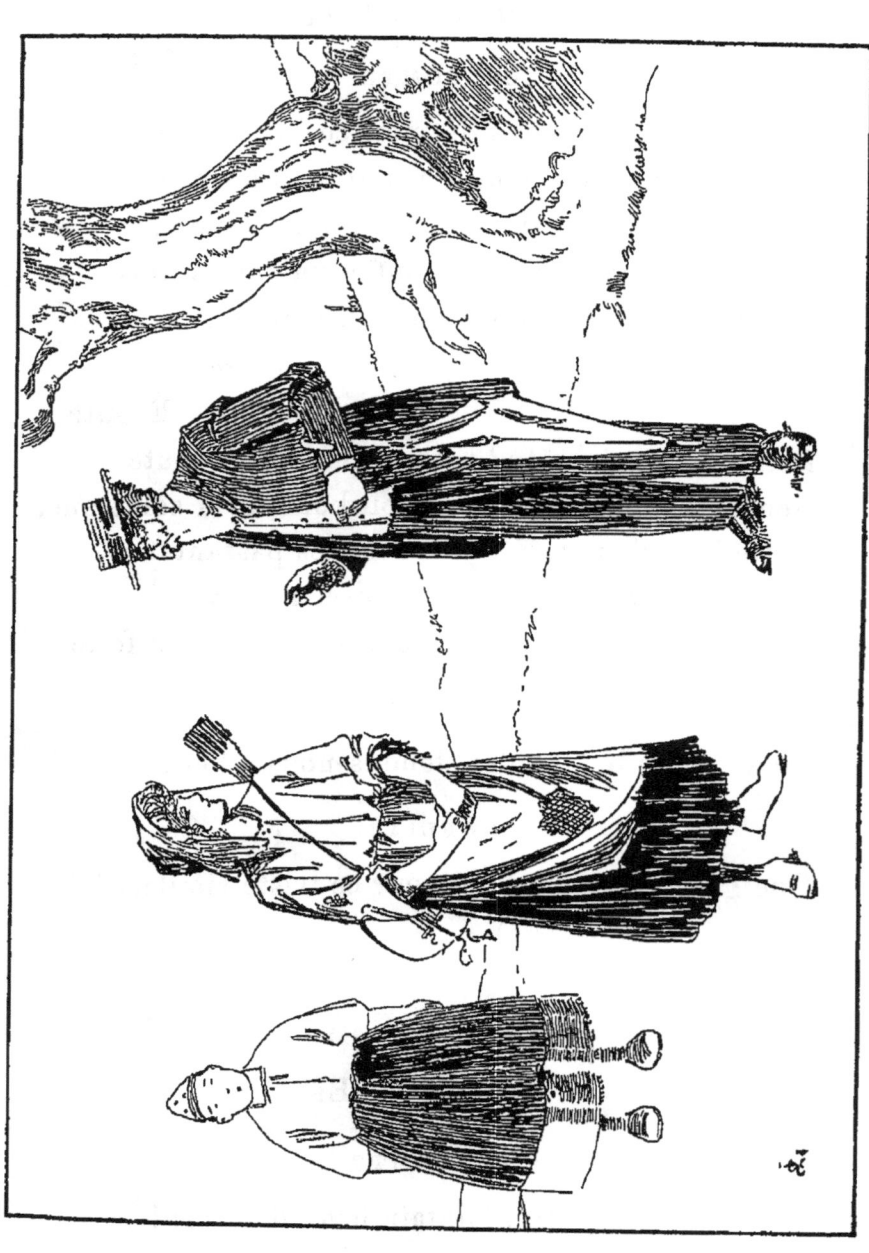

Ecoute, Petite. D'où viens-tu ?

Elle chantait déjà, toute petite encore,
Le doux chant qui l'avait endormie au berceau.
C'est un souffle qui passe, un cantique d'oiseau,
Et de tout temps on l'a chantonné pour l'enfance
Dans notre harmonieux langage de Provence.
Je rêve, une clarté m'effleure dans la nuit;
J'espère, et j'ai moins peur du spectre qui me suit,
Quand je suis seul avec le talisman sonore
Où vibre la chanson de mon Éléonore.

(*Sortant une petite boîte à musique*)

Puisque nous voilà seuls, viens et répète-moi
Le refrain que mon cœur ne trouve plus qu'en toi,
Et, t'emplissant d'amour, de paix et de musique,
Berce-moi lentement de ta voix mécanique!

(*Il s'agenouille devant la boîte à musique qui exécute son air : la berceuse provençale* NÉNÉ, SONSON. *A peu près :* DODO, L'ENFANT DO.)

Éléonore! Elle est vivante et me sourit.
Je l'entends, je la vois au fond de mon esprit :
N'est-ce pas qu'elle est là sur mes genoux assise?
N'est-ce pas que son souffle est pur comme la brise?
N'est-ce pas qu'elle est belle avec ses yeux si doux?
Mon enfant, ma Nono, reste sur mes genoux;
Laisse mes doigts glacés caresser tes doigts roses;
Babille ton babil, dis-moi des tas de choses.

(*La musique cesse*)

Mais tu ne chantes plus. Dormirais-tu, bébé?
La tempête est venue et le vent m'a courbé.
Ferme tes jolis yeux : de même dans ses voiles
La plus belle des nuits peut cacher ses étoiles.
O Nono, mon enfant, trésor de mes trésors,
Comme toi je me tais, comme toi je m'endors.
(Il s'assoupit dans l herbe.)

SCÈNE VI

LE COMTE, LE GARDE CHAMPÊTRE.

LE GARDE CHAMPÊTRE.

Bravo, monsieur le comte ! Il paraît que la mousse
Est un lit où les fous sommeillent sans secousse
Je suis garde champêtre et n'ai pour oreiller
Que trois pailles en croix où l'on dort pour veiller;
Mais, soit dit franchement, je crois que j'aurais honte
De me coucher dans l'herbe, étant monsieur le comte.
Que la terre te soit légère, ô pauvre fou !
(Ramassant la boîte.)
iens, quelle est cette boîte ? On dirait un joujou.
Au fait, qu'est le vieux comte? Un enfant qui s'amuse,
Et, s'il a des joujoux, sa cervelle l'excuse.
(Tournant la boîte entre ses doigts.)
Une boîte ! A quoi donc ce ressort-là sert-il?

Un bout d'acier qui plie, et pas plus gros qu'un fil !
Pressons-le lentement : il faut que je m'explique...
   (*La boîte recommence son air.*)
Le diable est là dedans et fait de la musique !
   (*S'agenouillant devant la boîte, qu'il remet à terre.*)
Monsieur le diable, hélas ! je viens mal à propos,
En troublant votre paix, de troubler mon repos.
Ce ressort était là, je l'ai pressé ; j'avoue,
La honte dans le cœur, la rougeur sur la joue,
Que j'aurais dû ne pas prendre comme cela
Dans mes indignes mains la boîte où vous voilà.
Que vais-je devenir si votre seigneurie
Sur moi, pauvre mortel, déchaîne sa furie ?
J'ai le plus grand respect pour Votre Majesté.
Sire diable, pardon pour ma témérité,
Dormez, et, comprenant que ma prière est juste,
Ne faites plus ce bruit dans votre boîte auguste !
   (*La musique cesse.*)
Merci, monsieur le diable !

         LE COMTE, *s'éveillant.*

               Oh ! quelqu'un est ici !
Que vous ai-je donc fait pour me dire merci ?

SCÈNE VII

LE COMTE, LE GARDE CHAMPÊTRE, NOELLIE, NOÉMIE.

NOELLIE, *à part.*

Quel est le souvenir qu'en mon esprit éveille
Ce son mystérieux qui m'a frappé l'oreille?

NOÉMIE.

Notre garde champêtre, à ce que je voyons,
A cette boîte-là fait ses dévotions.

LE GARDE CHAMPÊTRE.

Je ne fais rien du tout.

NOÉMIE.

    Le cas n'est point pendable.

LE GARDE CHAMPÊTRE.

Je consolais monsieur...

LE COMTE.

    D'être monsieur le diable.

NOELLIE.

Il m'a semblé que j'ai tout à l'heure entendu
Un accord vague auquel mon cœur a répondu.

LE GARDE CHAMPÊTRE.

Vous aurez en marchant pincé votre guitare,
Sans le vouloir.

NOELLIE.

Non pas! j'ai, je vous le déclare,
Entendu...

LE COMTE.

Qu'avez-vous entendu, mon enfant?
Le sein toujours gonflé d'un sanglot étouffant,
Les fous seuls ont le droit de comprendre ces choses
Ce ne sera pas vous avec vos lèvres roses,
Avec votre sourire où tant de grâce luit,
Qui descendrez jamais dans l'horreur de ma nuit!
(Il s'assoupit.)

NOÉMIE.

Tu pleures, ma pauvrette?

NOELLIE.

Oh! si j'étais la fille
De ce vieillard volé dans sa part de famille,
Sa raison reviendrait, son ciel serait moins noir.

LE GARDE CHAMPÊTRE, *se retirant.*

Appelez-le papa tout de suite. Bonsoir!

(*A part.*)

Je les observerai de là-bas. C'est probable
Qu'elles vont à leur tour faire chanter le diable.

SCÈNE VIII
LE COMTE, NOELLIE, NOÉMIE.

NOÉMIE.

Nous sommes seules : bon ! J'allons tirer au clair
Pourquoi monsieur le garde a dit tant de *Pater*
Devant ce bijou-là.

NOELLIE.

Si c'est une amusette
Pour les vieux qu'a battus une longue tempête,
Que pouvait-il lui dire ?

NOÉMIE.

Ah ! quel ennui d'avoir
Été si loin du comte ! On aurait pu savoir...
Vois, ne dirait-on pas qu'autour de ces figures
Quelqu'un a dans le bois tracé des écritures ?
Je devinons cela ; mais je n'entendons bien
Que les gros imprimés du vieux paroissien.

NOELLIE, *lisant.*

Si tu trouves, boîte gentille,
Une enfant pauvre en mon chemin,

Comme elle peut être ma fille,
Reste dans sa petite main !

NOÉMIE.

Ainsi, garde la boîte : elle est à toi, mignonne.

NOELLIE.

Je le sens, c'est à moi que le hasard la donne ;
Et pourtant je ne sais quoi d'obscur me défend
De la garder. J'ai peur...

NOÉMIE.

                Quoi ! n'es-tu pas l'enfant
Qui s'en va sans appui, sans feu, sans pain, sans gîte?
N'as-tu pas, dis-le-moi, la main toute petite ?
Et cette boîte-là, ramassée en chemin,
Ne peut-elle rester dans ta petite main ?
Le hasard se conduit avec intelligence,
Et parfois le bonheur nous vient sans qu'on y pense.

NOELLIE.

J'hésite.

NOÉMIE.

      Libre à vous ! moi, je n'hésitons point.
Je la prenons. Demain j'éclaircirons le point
De savoir si tu dois, étant moins indécise,
La rendre ou la garder.

    (Elle met la boîte sous son tablier.)

SCÈNE IX

LE COMTE, NOELLIE, NOÉMIE, LE GARDE CHAMPÊTRE.

LE GARDE CHAMPÊTRE, *un carnet à la main*

Halte ! je verbalise !

NOÉMIE.

Que nous chantez-vous donc ?

LE COMTE, *s'éveillant.*

Qu'ai-je encore entendu ?

NOÉMIE.

Quelque chien enragé vous aurait-il mordu ?

LE GARDE CHAMPÊTRE, *écrivant.*

« Je soussigné — déclare en bon garde champêtre —
Que monsieur Bridanon, notre maire, mon maître —
M'a donné — par arrêt notifié légal —
La magnanimité — d'un pouvoir intégral. —
En foi de quoi, — devant la loi, — je certifie, —
Sain de corps et d'esprit, — sans peur qu'on m'en défie,
— Que j'ai, — le présent jour, — à l'heure où, fatigué,
Je m'assieds un instant sur les roches du gué, —
Surpris la Noémie — attachée audit maire, —

Dérobant lestement, — d'une façon très claire
— A monseigneur le comte — assoupi doucement —
Une boîte où le diable a pris un logement :
En présence de quoi, — le fait étant notoire, —
J'ai, — le crayon en main, n'ayant pas d'écritoire, —
Sur ledit vol patent verbalisé ceci.
Je signe : Durenflé — garde champêtre ici. »

NOÉMIE.

A-t-on jamais oui des balivernes telles !

LE GARDE CHAMPÊTRE, *écrivant de nouveau.*

« Je constate qu'ayant — verbalisé d'icelles —
J'ai subi de la part de ladite — un affront
Sur lequel au palais — les lois prononceront ;
Ce de quoi je transcris le sens qui me concerne :
A-t-on oui jamais — pareille baliverne ! »

NOÉMIE.

Vous me répétez mal, monsieur le perroquet.

LE GARDE CHAMPÊTRE.

Voulez-vous m'étourdir avec votre caquet ?

NOELLIE, *le contrefaisant.*

Je soussignée, — ayant pour témoin ma guitare, —
Devant ma conscience et le code, — déclare

Quelque chien enragé vous aurait-il mordu ?

Que le sieur Durenflé, — garde champêtre ici, —
Se sert de certains mots qui nous blessent aussi.

LE COMTE, *rêveur*.

Ah ! comme cette enfant est rieuse et jolie !

NOELLIE.

En foi de quoi, céans, je signe : Noellie.

LE GARDE CHAMPÊTRE.

Signez, je verbalise, ayant du moins un nom
Qui fait autorité chez monsieur Bridanon.

NOÉMIE.

Peste !

LE GARDE CHAMPÊTRE.

Décidez-vous à me rendre la boîte
Que sous ce tablier cache votre main droite.

LE COMTE, *à part*.

Laissons faire l'enfant.
(*Haut.*)
Vous êtes inhumain !

LE GARDE CHAMPÊTRE.

Je suis garde champêtre.

NOÉMIE ET NOELLIE, *entraînant le comte*.

Eh bien ! passez demain !

SCÈNE X

LE GARDE CHAMPÊTRE, puis GEORGES

LE GARDE CHAMPÊTRE.

(AIR : *Marchande de marée*)

Si Bridanon est maire
De la localité,
La prudence est la mère
De toute sûreté.
Grande étant ma prudence,
A ce titre vraiment,
Je suis la providence
De l'arrondissement.

  Sans escorte
  Je me porte
Partout où l'ordre est troublé ;
  On me nomme
  Jusqu'à Rome
Le fin renard Durenflé.

GEORGES, *se glissant sur la scène.*

  Sans escorte
  Il se porte
Partout où l'ordre est troublé ;

On le nomme
Jusqu'à Rome
Le fin renard Durenflé.

LE GARDE CHAMPÊTRE.

Je n'ai rompu de lances
Que contre les méchants ;
Je prends dans leurs balances
Les faux poids des marchands ;
Je suis les bons apôtres
Qui traînent leurs paniers
Dans les vignes des autres ;
Mais j'absous les meuniers.

Au village,
C'est l'usage,
De tout temps ils ont volé ;
On me nomme
Jusqu'à Rome
L'intrépide Durenflé.

GEORGES.

Au village,
C'est l'usage,
De tout temps ils ont volé ;
On le nomme

Jusqu'à Rome
L'intrépide Durenflé.

LE GARDE CHAMPÊTRE.

Les gars sous la tonnelle
Chantent comme des sourds.
Aussitôt qu'on m'appelle,
Comme un perdreau j'y cours.
Là vous voyez, ô treilles !
Sous le grand ciel vermeil,
Au goulot des bouteilles
Se pendre le soleil.

Je l'imite
Au plus vite,
Le cerveau par lui brûlé;
On me nomme
Jusqu'à Rome
Le bon père Durenflé.

GEORGES.

Il l'imite
Au plus vite,
Le cerveau par lui brûlé;
On le nomme
Jusqu'à Rome
Le bon père Durenflé.

GEORGES, *sortant une lettre de sa poche.*

Ah çà, vous sentez-vous, en jouant de vos flûtes,
D'aller jusques à Brive en quatorze minutes,
D'y voir monsieur Trichard, un brave homme tout rond,
Président des jurés qui me couronneront,
De lui donner ce mot et de venir sur l'heure
M'apporter sa réponse? On m'a dit qu'il demeure
Sur le cours. Il s'agit de mon couronnement.

LE GARDE CHAMPÊTRE.

Votre couronnement est mon étonnement!
Mais, il suffit. Donnez la lettre, que je vole.

GEORGES, *la lui donnant.*

Tu viens, ô Durenflé, de faire une hyperbole!
Laisse-moi t'embrasser.

LE GARDE CHAMPÊTRE.

    Un tout petit moment!
J'ai tout à l'heure ici rédigé proprement
Certain procès-verbal que vous pourrez, j'espère,
Déposer dans les mains de monsieur votre père.

GEORGES, *prenant le procès-verbal.*

Comptez-y.

LE GARDE CHAMPÊTRE.

    Maintenant je pars comme un éclair.

GEORGES.

Prenez garde surtout d'exposer au grand air,
De ternir, d'effleurer d'une main peu discrète
Ce papier qui contient ma gloire de poète,
Et, comme mon succès mérite d'étonner,
Ne dites pas enfin qu'on va me couronner.

LE GARDE CHAMPÊTRE.

(AIR : *Quand on conspire*)
De l'hirondelle
J'ai les vertus :
Prompt et fidèle,
Chanteur en plus !
C'est la ressource
Des beaux esprits :
A moi, la course !
A vous, le prix !

SCÈNE XI
GEORGES.

GEORGES, *après avoir lu le proces-verbal.*

Par Mercure ! je crois que dame Noémie
Rit peu pour le quart d'heure. Ah ! vous avez, ma mie,
Plaisanté mon parler qui vous semble étonnant.
Eh bien, si vous l'osez, plaisantez maintenant !

SCÈNE XII

GEORGES, LA COMTESSE, NOELLIE, MADAME BRIDANON.

LA COMTESSE.

Ainsi, nous vous gardons, gentille Noellie?
Le comte, mon époux, en vous voyant oublie
Un passé douloureux : l'oubli, c'est du bonheur.

NOÉMIE.

Elle ne voudra pas attrister Monseigneur.

LA COMTESSE.

Et nous prendre, en fuyant, le bonheur qu'il réclame

NOELLIE.

Je vous l'ai dit, je suis à vos genoux, madame,
Prête, pour dissiper l'ennui de votre époux,
A voir en moi sa fille, à voir ma mère en vous.

LA COMTESSE, *l'embrassant.*

Oui, je serai ta mère, enfant. Déjà je t'aime
Ainsi qu'une moitié vivante de moi-même.
Nous nous raconterons nos souffrances, tout bas.
Hélas! il t'a fallu bien souvent, n'est-ce pas?

Subir le froid, lutter contre la faim sans doute
Et meurtrir tes pieds nus aux cailloux de la route.

GEORGES, à part.

Prenons vite une pose.
(Il lit le procès-verbal avec un air inspiré.)
Oh ! se faire un grand nom !
Oh ! la gloire !

LA COMTESSE.

Tiens, tiens ! le petit Bridanon !

GEORGES, à part.

Le petit ! le petit ! quel outrage à ma muse !
(Haut.)
Madame la comtesse et vous, maman, excuse !
Je gazouillais.

MADAME BRIDANON.

Mon fils, la passion des vers
Te mettra quelque jour la cervelle à l'envers.
Ton père, tu le sais, est un esprit pratique
Qui voudrait te pousser dans la mathématique ;
Le commerce, voilà ce qui produit de l'or.
Toi, tu fais des chansons, puis des chansons encor.
Que rapporte cela ? Fils, je te le demande,
Est-il, sous le soleil, une gloire plus grande

Que d'avoir des écus, tout en rimant très mal?
Va, va, nous te verrons mourir à l'hôpital.

GEORGES.

On a fait cette histoire à tous les grands génies.

NOELLIE.

Les nymphes, en tout cas, aiment leurs harmonies.

LA COMTESSE, *désignant le procès-verbal.*

Mon petit, sont-ce là de tes rimes?

GEORGES.

      Ce n'est
Qu'un sonnet.

LA COMTESSE.

     Un sonnet! c'est charmant, le sonnet!

GEORGES.

Des vers à peine éclos, jetés sur cette feuille,
Dans ce riant séjour où l'esprit se recueille,
Mais qui, polis à peine, à peine endimanchés,
Dans la crainte du jour y demeurent cachés.

MADAME BRIDANON.

Qu'ils soient polis à peine ou qu'ils aient l'air barbare,
Qu'ils soient endimanchés ou non, je m'en empare!

(*Elle saisit le procès-verbal.*)

SCÈNE XIII

Les précédents, LE COMTE, NOÉMIE, BRIDANON, Paysans et Paysannes.

LES PAYSANS.

Vive monsieur le maire!

BRIDANON.

      Il serait très normal
Que le fait fût transcrit dans un procès-verbal,
Avant de procéder...

LES PAYSANS.

     Vive monsieur le maire!

BRIDANON.

Avant de procéder aux débats de l'affaire;
Car la légalité dans la pénalité...

LES PAYSANS.

Vive monsieur le maire!

BRIDANON.

    Est la légalité

PREMIER PAYSAN.

C'est ben ça.

DEUXIÈME PAYSAN.

Tout à l'heure, à Brive-la-Garenne,
Durenflé m'a juré que la chose est certaine...

PREMIÈRE PAYSANNE.

Et que la Noémie a pris dans le gilet
Du comte cette boîte.

DEUXIÈME PAYSANNE.

Où le diable parlait ..

NOÉMIE.

Quand vous aurez fini, je causerai.

BRIDANON.

Silence !

PAYSANS ET PAYSANNES.

Vive monsieur le maire !

BRIDANON, *gesticulant.*

Il est une balance...

PAYSANS ET PAYSANNES.

Vive monsieur le maire !

DEUXIÈME PAYSAN.

Écoutons-le parler.

Car la légalité dans la pénalité...

BRIDANON.

Il est une balance. .

QUATRIÈME PAYSANNE.

A quoi bon le troubler?

BRIDANON.

Il est une balance où la justice humaine...
J'allais faire un discours : ma cravate me gêne;
J'ai fini.

SCÈNE XIV

Les précédents, LE GARDE CHAMPÊTRE.

LE GARDE CHAMPÊTRE.

Moi, je n'ai pas encore fini.

PAYSANS ET PAYSANNES.

Salut à Durenflé!

GEORGES.

Durenflé, sois béni!

LE GARDE CHAMPÊTRE.

Permettez-moi d'abord de donner cette lettre
A monsieur Georges.

GEORGES, *emphatiquement.*

Non, lisez, garde champêtre,
Lisez tout haut, afin qu'on apprenne aujourd'hui
Que dans notre village un nouvel astre a lui
Et que par l'Institut de Brive-la-Garenne
Mon front est couronné de la feuille de chêne !

LE GARDE CHAMPÊTRE, *haussant la voix et lisant.*

« Monsieur Georges, vos vers sont les vers d'un moutard.
Votre tout dévoué : Polydore Trichard »

BRIDANON.

Vive l'astre nouveau !

PAYSANS ET PAYSANNES.

Vive le nouvel astre !

GEORGES, *les yeux sur la lettre.*

Suis-je assez incompris !

MADAME BRIDANON, *à Durenflé.*

Réparons ce désastre :
Tenez, lisez ceci qui peut-être est moins mal.

LE GARDE CHAMPÊTRE, *ouvrant la feuille.*

C'est mon procès-verbal !

PAYSANS ET PAYSANNES.

C'est son procès-verbal !

LE COMTE.

Voyons, sommes-nous fous tous ensemble?

BRIDANON.

J'admire
Que nous nous regardions face à face sans rire.

LE COMTE.

Si le sort, impuissant à faire du nouveau,
Vous a tout comme à moi détraqué le cerveau,
Soyez du moins de ceux qui sont gais en famille
Frères, connaissez-vous la chanson de ma fille?

(A Noémie.)

Allons, ma pauvre enfant, montrons-leur ce joujou
Qu'ils t'accusaient, les fous! d'avoir pris au bon fou.

(Il place la boîte au milieu de la scène)

Approchez! approchez!

(Tous s'approchent.)

Et toi, bijou sonore,
Redis-nous la chanson de mon Éléonore!

(La boîte execute à nouveau sa berceuse provençale.)

NOELLIE, au moment où l'air recommence.

Néné, sonson,
Vèné, vèné, tou-dé-long,
La sonson voù pas veni,
Lou pichoun voù pas dourmi.

O ma Nono, ma fille [1]

Néné, sonson,
Vèné, vèné, tou-de-long,
La sonson voù pas veni,
Lou pichoun voudriè dourmi.

(*Pendant ce temps la comtesse et le comte se sont approchés de Noèllie lentement, comme dans l'extase. Au dernier vers ils se jettent dans ses bras.*)

LE COMTE ET LA COMTESSE.

O ma Nono, ma fille!

NOELLIE.

O ma mère! O mon père!
Nono! Je me souviens...

MADAME BRIDANON, *à la comtesse*.

Je suis un peu sa mère,
Puisque je l'allaitai, lorsque j'eus le bonheur
De vous voir en Provence!

GEORGES, *trouble*.

Et moi, je suis sa sœur!

BRIDANON.

Je suis son maire!

NOÉMIE.

Et moi, moi, ma petite amie?
Qu'est-ce donc que j'allons t'être?

NOELLIE.
Ma Noémie.

LE COMTE.
Ma Nono, ton regard éveille ma raison.

LE GARDE CHAMPÊTRE.
Le diable est à la fin sorti de sa prison ;
Mais ce diable a si bien dénoué toutes choses
Qu'il est le plus charmant de tous les diables roses.

PAYSANS ET PAYSANNES, *entourant Georges.*
Monsieur Georges, pourquoi cette musique-là
A-t-elle donc si vite amené tout cela ?

GEORGES.
Je vous le conterai demain. Pour le quart d'heure,
Sachez, ô mes amis, que la gloire est un leurre,
Et qu'au moment où l'homme à peine a du pain noir,
Un poète ne doit pas « chanter le manoir » !

RIDEAU

LA MAISON DES DIMANCHES

PERSONNAGES

FANNY.
VALENTIN, gardien chef de prison
MADAME VALENTIN.
HENRIETTE, fille de M. et Mme Valentin
RENÉ, frère d'Henriette
FINOT, inspecteur de prison
BONHOMME, docteur.
ROGNELARD, entrepreneur.

Visiteurs étrangers.

―――

La scène se passe au pays des bons geôliers.

LA MAISON DES DIMANCHES

Le théâtre représente une cour de prison A gauche, une cellule dont on ne voit que la porte munie de gros verrous. Au fond, une guérite pour le service des sentinelles. Des deux côtés entrée et sortie sur le devant. Au lever du rideau, Valentin est assis devant une table sur laquelle se trouve une bouteille à demi vidée. Dans la guérite, René, en militaire, l'arme au bras, enveloppé d'un grand manteau dont le capuchon se rabat sur les yeux.

SCÈNE PREMIÈRE
VALENTIN, RENÉ.

VALENTIN.

Ah! comme l'on dédaigne avec peu de raison
Les aimables loisirs d'un gardien de prison!
C'est par le dehors seul, dans le siècle où nous sommes,
Qu'on juge du bonheur ou du malheur des hommes.
Parce que ce château, vieux débris du passé,
A l'air sauvage et dur derrière son fossé,

Parce qu'il a des tours où le hibou se pose,
Il faut, bon gré, mal gré, que je sois très morose,
Très bourru, très farouche, et que l'ombre des murs
Rende sombres comme eux mes rêves les plus purs.
Qu'ils sont naïfs ceux-là qui croient qu'une bouteille
Contient moins de trésors dans sa panse vermeille,
Parce qu'elle est logée au fond d'un château fort,
Noir comme ses corbeaux, triste comme la mort !

(Prenant la bouteille.)

Viens ici, ma mignonne, et laissons dire.

(Réfléchissant.)

Diable !
S'il est vrai que chacun doive aimer son semblable,
Cet amour du prochain dont on rit aujourd'hui
Doit au moins se prouver en trinquant avec lui.
Sentinelle, approchez !

RENÉ.

Le mot d'ordre ?

VALENTIN

Trombone
Et cornet à pistons !

RENÉ.

Mystère et Carcassonne !

VALENTIN.

J'ai là d'un vin exquis.
(*Allant vers la guérite*)
Vous ne m'entendez pas :
Un vin délicieux!

RENÉ.

Faites encore un pas,
Et je fais feu.

VALENTIN.

Vraiment?

RENÉ.

Quand il est au port d'arme,
Un soldat ne boit pas : je vais donner l'alarme!

VALENTIN.

Voilà comme on accueille un vin de quarante ans,
Qui ressusciterait un mort des anciens temps
Et ferait en plein air tituber son squelette!
Ah! si mon fils René, qui, sur un coup de tête,
Pour un rien, pour un mot, est allé, pauvre oison,
S'enfermer loin de nous dans une garnison,
Se trouvait comme vous là, dans cette guérite,
Certes de ma bouteille il s'approcherait vite.
A propos, n'avez-vous pas connu mon René?

C'est un brave garçon, très joyeux, bien tourné,
Qui doit faire à cette heure un parfait militaire...

RENÉ.

Quand il est au port d'arme, un soldat doit se taire.
(Bas.)
Mon bon père !

VALENTIN.

Voilà le refrain revenu !
Ainsi, mon cher ami, vous n'avez pas connu.

RENÉ.

Dites encore un mot, et je fais feu.

VALENTIN.

Quel homme !
Allons boire tout seul. C'est qu'il le ferait comme
Il le dit.

RENÉ, bas.

Mon bon père ! Il n'a pas soupçonné
Que sous ce capuchon se cache son René,
Et que, muet, drapé dans ma capote grise,
Je ménage à son cœur la plus douce surprise.

VALENTIN, après avoir bu.

Ce vin dans mon gosier glisse comme un velours ;
Mais j'ai beau m'étourdir, je me souviens toujours
La fuite de René rend mes gaîtés moins franches.

Viens ici, ma mignonne...

SCÈNE II
VALENTIN, RENÉ, FANNY.

FANNY.

Je reviens habiter ma maison des dimanches :
Bonjour.

VALENTIN.

Bonjour, Fanny! Quoi! de si grand matin?

FANNY.

On est si bien ici, bon papa Valentin!

(AIR de *Musette*, de Murger.)

L'abeille, repliant son aile,
Dort dans les pétales ouverts ;
Au bord de nos toits l'hirondelle
Attend le retour des hivers ;
Le rossignol au creux des branches
Porte son nid et sa chanson ;
Moi, j'ai ma maison des dimanches :
J'ai fait mon nid d'une prison.

A l'orpheline vagabonde
Nul astre du ciel n'a souri.
Que deviendrais-je dans le monde,
Si je n'avais pas cet abri?

Pour avoir des visions blanches
Dans un plus étroit horizon,
Je retourne tous les dimanches
Bercer mes rêves en prison.

Ici je trouve la famille
Autour du foyer triomphant,
Et, comme je suis bonne fille,
On me traite comme une enfant.
J'entre, les deux poings sur les hanches,
Et je dis bonjour sans façon
A ceux qui me font les dimanches
L'aumône de cette prison !

VALENTIN.

C'est parfait : nous savons que tu chantes comme une
Fauvette chante au bois, la nuit, au clair de lune ;
Mais tu n'as pas encore à mes yeux étalé
Un ordre un peu précis de la mettre sous clé...

FANNY, *lui tendant un papier.*

Un ordre ? Le voilà. Le parquet est bonhomme :
J'arrive, je lui dis de quel nom je me nomme,
Que je suis une enfant sans mère, qu'il fait froid,
Que les vents de novembre ont emporté le toit
De feuillages mouvants où, sans gêner personne,
Je m'endors dans le mois où le ciel bleu rayonne ;

Et le parquet, sachant que l'on est bien chez vous,
Me donne un logement derrière vos verrous.

VALENTIN, *prenant le papier*.

Cet aimable parquet !

FANNY.

Que voulez-vous ! j'adore
Les grilles, je me plais à voir lever l'aurore
A travers des barreaux : chacun a sa façon
D'être heureux ici-bas. Moi, je dis ma chanson,
Non quand je cours les bois, mais quand je suis en cage.

VALENTIN.

C'est un goût comme un autre.

FANNY.

On prétend au village
Que j'ai l'esprit troublé, que je devrais rougir.
Rougir? Rougir de quoi? Faites-moi le plaisir
De me dire pourquoi je devrais rougir d'être
Couchée en un bon lit, les pieds chauds, la fenêtre
Bien close, entre ces murs d'un château fort très vieux,
Qu'a peut-être hantés l'ombre de mes aieux.
Fanny n'est plus ! je suis marquise et châtelaine ;
Un petit page tient ma pelote de laine ;
Un troubadour pensif erre sous mon balcon ;

Des chevaliers, portant sur la dextre un faucon,
Bardés de fer, les yeux sur une panoplie,
Commentent le blason de ma race, et j'oublie
Ma petite maison sans foyer et sans toit
Qu'un enfant de dix ans renverserait du doigt.

VALENTIN.

Es-tu spirituelle et folle !

FANNY.

     Un conseil, sire :
Oh ! trouvez moins d'esprit à mes éclats de rire,
Ébahissez-vous moins devant mes troubadours ;
Sire, ouvrez moins l'oreille à mes méchants discours,
Croyez moins à mon cœur, conseiller de ma tête,
Et faites-moi plus vite embrasser Henriette !

VALENTIN.

La voici juste avec madame Valentin :
Je te quitte.

FANNY.

  Le temps est très beau ce matin :
Sortez-vous du château ?

VALENTIN, *s'inclinant.*

    Je vous quitte, madame.

FANNY.

Le service avant tout.

VALENTIN.

C'est lui qui me réclame;
Mais je reviens, prenant mes jambes à mon cou,
Une fois votre nom sur mon cahier d'écrou.

FANNY, *jouant l'importance*

Allez. Je glisserai quatre mots à la reine,
Et votre dévouement...

VALENTIN, *se retirant*

Mes respects, châtelaine.

SCÈNE III
RENÉ, FANNY, HENRIETTE, Mme VALENTIN.

HENRIETTE.

Cette chère Fanny!

MADAME VALENTIN.

Tu reviens donc nous voir?

FANNY.

Je m'ennuyais, j'ai pris mes hardes, et bonsoir!
Jamais le même nid, toujours une autre branche!

Mes respects, châtelaine.

MADAME VALENTIN.

On aime à visiter sa maison du dimanche!

FANNY.

A cause des bons cœurs qui l'habitent.

HENRIETTE, *l'embrassant.*

Merci.

RENÉ, sans quitter la guérite.

Mais on va l'étouffer à l'embrasser ainsi!

FANNY.

Que chante ce soldat?

MADAME VALENTIN

Chut!

HENRIETTE.

Est-ce toi, mon frère?

RENÉ, *rejetant son manteau.*

Présent, mon colonel! Donne ta main, la mère;
Rapproche-toi, la sœur : tout est-il ordonné?

HENRIETTE.

Tout va bien.

RENÉ.

N'a-t-il pas un instant soupçonné
Que vous allez ce soir couronner notre ligue
En tuant le veau gras pour son enfant prodigue?

MADAME VALENTIN.

Il ne s'attend à rien.

RENÉ.

Chut!

MADAME VALENTIN.

Chut!

HENRIETTE.

Chut!

FANNY.

Chut! ma foi,
Puisque chacun dit : chut! je ne vois pas pourquoi
Je ne dirais pas : chut!

RENÉ, *tendant la main à Fanny.*

Soyons deux camarades :
J'adore la gaîté.

FANNY.

Je hais les gens maussades.

RENÉ, *à voix basse.*

AIR : *Dans mon verre,* de Darcier.

Le rire, notre vieil ami,
Chante dans toutes les poitrines ;
Il ne dort jamais qu'à demi
Sous nos cendres et nos ruines ;
Il est le fruit d'or du jardin,
La corde d'argent de la lyre :
Lorsque l'homme perdit l'Éden,
Nature lui laissa le Rire.

Même à nos soupirs et nos pleurs
Le rire quelquefois se mêle ;
Toutes les lèvres sont des fleurs
Quand il les caresse de l'aile.
Sa présence au milieu de nous
Provoque un aimable délire ;
Et la mère tombe à genoux
Lorsque l'enfant commence à rire.

Dans la création tout rit,
L'astre, l'insecte et le nuage :
Les passereaux font de l'esprit
Sous le dôme vert du feuillage ;
L'éclat de rire de l'été
Sort de la chanson de Zéphyre ;

Et, s'il n'avait pas existé,
Un merle eût inventé le Rire.

FANNY, *riant.*

Rions donc.

HENRIETTE, *même jeu.*

Rions donc.

MADAME VALENTIN.

Oui, mais n'oublions pas
Notre petit complot : le temps marche à grands pas,
Et bientôt sonnera l'heure douce à notre âme...

FANNY.

Bon! j'allais oublier que nous jouons un drame!
Vos airs mystérieux me donnent le frisson :
Est-ce sur le poignard, la corde ou le poison
Que nous allons jurer? Faut-il, comme au théâtre,
Conspirer, déclamer, rugir, tonner, se battre?
Me voilà.

(*Elle va de long en large sur la scène*)

Messeigneurs, mon épée est à vous!
Je descends de don Ruy Badilva que les loups
D'Aragon saluaient de hurlements funèbres.
Notre blason rayonne au milieu des ténèbres.
Mon bisaïeul prenait par les cornes un bœuf
Et, l'ayant assommé, l'avalait comme un œuf.

J'eus pour ancêtre Hernan, qui fut un grand d'Espagne,
Épervier dans la plaine, aigle sur la montagne,
Et dont le bras dompta trente rébellions.
Mon aïeule Armanda faisait par des lions
Traîner son char d'airain. Voici notre devise :
« Je vise qui m'atteint, et j'atteins qui me vise ! »
Les rois autorisaient mes aïeux à s'asseoir
Sur les marches du trône ; et c'est pourquoi, ce soir,
A l'heure où le sorcier pâlit sur son grimoire,
On verra des éclairs luire dans l'ombre noire !

MADAME VALENTIN.

Charmante folle, va !

HENRIETTE.

                Puisqu'on s'est de plain-pied
Introduit dans le drame, écoutez, comme il sied,
Les ordres que je donne aux gens de mon escorte.
Ma mère et vous, mon frère, entrez par cette porte,
Et laissez-nous ici. C'est notre bon plaisir.

MADAME VALENTIN.

Allons nous préparer : ton père va venir.

RENÉ.

Mais pendant ce temps-là, qui montera ma garde ?

HENRIETTE.

Nous nous chargeons de tout.

RENÉ, *à Fanny*

Adieu, la babillarde!

(*Madame Valentin et Rene entrent dans la cellule, à gauche.*)

SCÈNE IV
FANNY, HENRIETTE.

HENRIETTE, *prenant le manteau de Rene.*

Dis-moi, chère Fanny, me reconnaîtrais-tu,
Une fois ce manteau sur mon front rabattu?

FANNY.

Moi? pas le moins du monde! Aurais-tu le caprice
De prendre ce manteau pour aide et pour complice?

HENRIETTE, *s'enveloppant dans le manteau.*

Oh! c'est merveilleux! Vois, ces plis raides et longs
Tombent comme à dessein jusque sur mes talons;
Puis, il est d'une ampleur à m'envelopper toute :
Je monterai la garde, et l'on n'y verra goutte.
Il faut bien que mon père, en retournant ici,
Trouve sa sentinelle et n'en ait plus souci.

Elle se place dans la guerite.)

FANNY.

Eh quoi! c'est sans fusil, monsieur le militaire,
Que vous montez la garde?

HENRIETTE, *troublée.*

Est-il bien nécessaire
De porter un fusil?

FANNY, *lui présentant le fusil.*

Vous dites? Palsambleu!
Prenez-moi ça, troupier.

HENRIETTE, *prenant le fusil.*

S'il allait faire feu!
S'il allait éclater!

FANNY.

Au port d'arme, mignonne!

HENRIETTE.

M'y voilà.

FANNY.

Je te trouve un faux air de Bellone.

HENRIETTE.

Ce fusil!

Ces plis raides et longs
Tombent comme à dessein jusque sur mes talons.

FANNY.

Allons donc! chante pour t'aguerrir.
Quand on sert son pays, il faut vaincre ou mourir.

HENRIETTE, *hors de la guérite.*

(AIR DU *Chalet.*)

Au son des trompettes de cuivre,
Le soldat français aime à suivre
　　Ses fiers drapeaux;
Qu'il ait petite ou grande taille,
Il est à livrer la bataille
　　Toujours dispos.
Marchons au pas, au bruit des canons sourds :
　Sonnez, clairons; battez, tambours!

Afin de gagner l'épaulette,
Il sait qu'il faut dans la tempête
　　Rester debout
Et sous la mitraille qui grêle,
Sans reculer d'une semelle,
　　Être partout.
Marchons au pas, au bruit des canons sourds :
　Sonnez, clairons; battez, tambours!

Lorsque la famine l'assiège,
Il a, sous le vent et la neige,

Le cœur content,
Et, le sourire sur la bouche,
Brûle sa dernière cartouche
Tout en chantant.

Marchons au pas, au bruit des canons sourds :
Sonnez, clairons; battez, tambours!

FANNY.

Eh bien! cette chanson t'a-t-elle mis dans l'âme
Un peu de cette audace étrangère à la femme
Qui nous fait sans pâlir, sans nous épouvanter,
Embrasser un fusil qui pourrait éclater?

HENRIETTE.

Ma foi, je suis guerrière autant qu'on le peut être,
Voyant que mon fusil commence à me connaître.

FANNY.

Parlons alors sans crainte, ouvrons-nous notre cœur.

HENRIETTE, *s'appuyant sur son fusil.*

Moi, je prends, pour t'entendre, un petit air vainqueur!

FANNY.

Toi seule sais ici quel devoir me ramène
Dans cette forteresse, après chaque semaine.
Un soir, une étrangère et sa fille arrivant

On n'a jamais su d'où, par la pluie et le vent,
Hors d'haleine, encor loin des maisons de la ville,
A ces pauvres vieux murs demandèrent asile.
Ce château n'était pas encore une prison,
Et ses libres créneaux, tapissés de gazon,
Laissaient circuler l'air et flotter la lumière.
La fille avait six ans; la mère était ma mère.
L'orage qui grondait, terrible, autour de nous,
Me faisait chanceler d'effroi sur mes genoux;
Nous fûmes nous blottir dans une cour déserte,
Tremblantes, au hasard, sur un lit d'herbe verte.
Là je vis tout à coup ma mère s'affaiblir,
Sa tête s'incliner, son visage pâlir;
Je pris la fuite, ayant senti frissonner l'aile
De la mort qui planait, prête à fondre sur elle.
Hélas! quand je revins, son front était glacé;
Mais elle put me dire : « Enfant, j'ai déposé
Un souvenir de moi dans ces murs en ruines;
Comme il pèserait trop à tes mains enfantines,
Tu reviendras le prendre un jour, quand tu seras
Grande comme ta mère et que tes petits bras
Seront plus forts. Je sens qu'il faut que je m'en aille,
Je me meurs... » Et, du doigt me montrant la muraille,
Elle expira.

(*Un silence.*)

HENRIETTE.

Mon Dieu ! comme tu dois avoir
L'âme triste en ces lieux !

FANNY.

J'accomplis un devoir ;
Et puis, même en contant leur infortune amère,
Les enfants sont heureux, s'ils parlent de leur mère.
J'ai vécu bien longtemps loin de ces affreux murs ;
Mais les champs les plus beaux et les cieux les plus purs
N'ont pas fait à l'enfant que son destin emporte
Oublier ce château plein de sa mère morte,
Et malgré ma jeunesse et malgré mon orgueil,
J'en ai fait ma prison pour en franchir le seuil
Et pour trouver enfin à travers ces ruines
Ce souvenir trop lourd à mes mains enfantines.

HENRIETTE.

Séparons-nous. J'entends un bruit de pas.

SCÈNE V

HENRIETTE, FANNY, ROGNELARD, BONHOMME.

ROGNELARD.

Docteur,
Serez-vous sans pitié pour un entrepreneur ?

BONHOMME.

Hé! monsieur Rognelard! Vous me fendez la tête.

ROGNELARD.

Hé! monsieur le docteur! je suis un homme honnête,
Et vous me dépouillez.

BONHOMME.

     Moi, monsieur? c'est trop fort!
(*Lisant une note.*)
Cette enfant est malade et chétive...

ROGNELARD.

         Elle a tort.

BONHOMME.

Il lui faut de bons soins.

ROGNELARD.

     Mais, docteur, je vous jure
Que j'ai fait un contrat de dupe.
(*Sortant un calepin qu'il montre au docteur.*)
         Nourriture,
Chaussures, vêtements... Vous n'entendez donc rien
Aux affaires, monsieur?

BONHOMME.

   Je les entends très bien.

ROGNELARD.

Ainsi, vous laisserez figurer sur vos livres
Ces deux œufs à la coque et ce pain de trois livres?

BONHOMME.

Mais!

ROGNELARD.

Vous me ruinez!

BONHOMME.

Quand vous aurez fini!

ROGNELARD.

Et tout cela, grands dieux, pour leur chère Fanny!

FANNY.

Eh quoi! votre colère à mon sujet s'allume?

HENRIETTE, *à part.*

O falsificateur patenté du légume!

BONHOMME, *à Fanny.*

J'inscris un œuf de plus.

ROGNELARD.

Passez donc des marchés!

FANNY, *à Rognelard.*

Monsieur, figurez-vous...

HENRIETTE, *sans quitter la guerite.*

Que c'est pour vos péchés !
(*Bonhomme sort avec Rognelard qui gesticule.*)

SCÈNE VI

HENRIETTE, FANNY, FINOT, VALENTIN,
Visiteurs étrangers.

VALENTIN.

Silence dans les rangs, monsieur le militaire !
Quand il est au port d'arme, un soldat doit se taire.

FINOT.

Fus nous tissiez, monsir, que fus afres ici
Te crands andiguidés ?

LE VISITEUR ANGLAIS.

Vo avoir dit aussi
Montrer le cage-fer du cardinal Balue ?

FANNY, *faisant la révérence.*

Tous ces gens ne voient pas même qu'on les salue.

LA VISITEUSE ALLEMANDE.

Moi che temante à foir Tiane te Boidiers.

LE VISITEUR ANGLAIS.

Vo avoir, paraît-il, un bannière-métiers?

LE VISITEUR ITALIEN

La coulote del ré Dagobert?

LE VISITEUR ESPAGNOL.

      La houlette
De Juana d'Arc?

LA VISITEUSE ANGLAISE.

     Moa vouloir toucher la tête
De Cinq-Mars!

FINOT.

  Les geseux tu gefelu Glofis!

LA VISITEUSE ALLEMANDE.

Le rassoir t'Olifier le Taim!

LE VISITEUR ITALIEN.

      Le flor da lis
Del drapel d'Henri quatre!

FINOT.

Allez-fus bas nous tire
Guelgue chosse, monsir?
(*Bas.*)
Ah! nous allons bien rire!
(*Haut.*)
Tides-nous guelgue chosse.

VALENTIN, *emphatiquement.*

On vous montrera tout!
Ici, sous ces vieux murs, des siècles sont debout,
Et vous frissonnerez, quand vous saurez l'histoire
De ce château...

LA VISITEUSE ALLEMANDE.

Fraiment?

FINOT, *à part.*

Je finis par y croire!

VALENTIN.

Mais, pour la lire à livre ouvert, pour pénétrer
Dans l'horreur d'un seul coup, c'est là qu'il faut entrer!

(*Il se précipite avec les visiteurs vers la cellule où se trouvent René et sa mère.*)

Moa, vouloir toucher la tête
De Cinq-Mars.

SCÈNE VII

LES PRÉCÉDENTS, plus Mme VALENTIN et RENÉ.

RENÉ, *dans les bras de son père.*

Mon père !

VALENTIN.

Mon René !

LE VISITEUR ITALIEN, *riant.*

C'est oune histoire horrible.

LA VISITEUSE ANGLAISE, *avec dépit.*

Il a promis à nous une chose terrible.

RENÉ.

Mon père !

VALENTIN.

Mon René !

FINOT.

C'est drès tiferdissant

MADAME VALENTIN.

Mais où donc est ma fille ?

RENÉ, *appelant.*

Henriette!

HENRIETTE, *s'avançant, le capuchon rejeté en arrière.*

Présent!

FINOT.

Te blus vort en blus vort!

FANNY.

La chose les intrigue.

RENÉ, *aux visiteurs.*

Mesdames et messieurs, je fus l'enfant prodigue :
Je reviens au foyer, et nous sommes heureux!

FINOT, *insinuant.*

On ne verra donc pas ce cachot ténébreux?

FANNY.

Monsieur, on vous l'eût fait visiter à votre aise
Quand vous parliez moins bien notre langue française.

FINOT.

Pincé!

VALENTIN.

Mais pourquoi donc nous avez-vous...

FINOT.

> Pour rien.

Ce château fort et moi nous nous connaissons bien,
Et je puis arracher son couvercle de pierre
Au moindre des secrets qu'il cache à la lumière.
Quand j'étais tout gamin, j'y venais très souvent
Interroger l'écho dans les rumeurs du vent;
J'avais une complice, et la petite Berthe
Partageait avec moi la moindre découverte

FANNY, *à part.*

C'est le nom de ma mère.

FINOT.

> Un jour elle partit.

Je ne l'ai plus revue : on était si petit!
Tout est ici pour moi sujet à rêverie.
Tenez, ce mur...

FANNY.

Ce mur?

HENRIETTE.

Parlez.

FANNY.

> Je vous en prie.

HENRIETTE.

Parlez.

FINOT.

Eh bien! ce mur s'ouvre à discrétion.

FANNY, *à part*.

O ma mère! j'ai peur, je tremble...

FINOT.

Attention!

(*Il touche du doigt le bas du mur ; une petite porte s'ouvre dans le fond, laissant voir une cassette, et sur la cassette une feuille de papier.*)

FANNY, *se jetant dans les bras d'Henriette*.

C'était là! C'était là!

HENRIETTE.

Là!

FINOT.

L'histoire est complète :
Qui donc a fourré là cette étrange cassette?

(*Il lit à haute voix la feuille de papier.*)

« Ma fille, ma Fanny, je confie à ces murs
Cette cassette : ils sont inébranlables, sûrs,
Dévoués, ayant vu sourire mon enfance.
J'ai, ton père étant mort, voulu revoir la France,

Et j'expire à deux pas de mon pays natal.
Sois bonne, fais le bien, plains ceux qui font le mal.
Mon frère Valentin, s'il vit, t'aimera certe
Comme sa fille. Adieu. Ta pauvre mère : Berthe. »

VALENTIN, *embrassant Fanny*

Ma nièce !

MADAME VALENTIN.

Notre enfant !

LE VISITEUR ANGLAIS.

Tout cet émotion
Fera grand préjudice à mon digestion !

FANNY, *embrassant la lettre de sa mère.*

O relique chérie !

VALENTIN, *à Finot.*

A propos, vous qui faites
Pirouetter les murs et bâiller les cachettes,
Dites-nous, cher monsieur, à qui l'on a l'honneur...

FINOT.

Je suis tout simplement monsieur votre inspecteur.

VALENTIN, *se levant.*

Diable !

Je suis tout simplement monsieur votre inspecteur.

FINOT.

Ici, je le vois, tout se passe en famille.
Ce gaillard fait monter la garde par sa fille !
Ah ! sans l'événement qui vous charme si fort,
Je lançais contre vous un terrible rapport !

LA VISITEUSE ANGLAISE.

Shocking !

LE VISITEUR ANGLAIS.

Moa vouloir, n'ayant pas la berlue,
Voir le grand cage-fer du cardinal Balue.

FINOT, *riant.*

Fus nous tissiez, monsir, que fus nous feriez foir
Te crands adrocidés ?

VALENTIN, *même jeu.*

Fus basserez ce soir.

RENÉ, *prenant la main de Fanny.*

Ma cousine, un baiser sur vos menottes blanches.

LA VISITEUSE ALLEMANDE.

Z'est une brisson, zà ?

FANNY.

La maison des dimanches.

FINOT.

J'y viendrai quelquefois passer un jour d'été.

MADAME VALENTIN, *à Fanny.*

Et nous te garderons?

FANNY.

A perpétuité.

RIDEAU

TYL L'ESPIÈGLE

PERSONNAGES

TYL L'ESPIÈGLE.
NICOLAS, père de Tyl.
ANNA, mère de Tyl.
LE COMTE D'HEVERLÉ.
LA COMTESSE D'HEVERLÉ.
VAN BOCK, intendant du comte.
Docteurs de l'Université, Hommes d'armes du comte.

―――

*La scène se passe au château d'Heverlé, en Flandre,
au treizième siècle.*

TYL L'ESPIÈGLE

Une salle du château d'Heverlé. Panoplies, fauteuils armoriés, portraits d'ancêtres, etc.

SCÈNE PREMIÈRE

NICOLAS, ANNA.

NICOLAS.

Oui, monsieur notre fils est un fou réussi,
Et je suis furieux de voir...

ANNA.

Mais non!

NICOLAS.

Mais si!

ANNA.

Bah! puisque c'est ainsi que chacun le préfère,
Riez de ses bons tours, passez et laissez faire.

NICOLAS.

Le comte d'Heverlé, notre maître et seigneur,
Ne se plaît guère aux traits de son esprit moqueur.

ANNA.

Il est le Benjamin de notre châtelaine,
Et c'est lui seul qui tient sa pelote de laine.

NICOLAS.

Alors il la tient peu, je te le dis tout bas.

ANNA.

J'en conviens, car au lieu de tricoter des bas,
De coudre, de filer, de veiller au ménage,
Ainsi que le faisaient les dames de l'autre âge,
La dame de ces lieux court par monts et par vaux,
Chassant et bataillant, éreintant ses chevaux
Et montrant ce caprice entre mille caprices
De leur faire au galop franchir les précipices.
Tyl l'accompagnerait sans doute chaque jour,
S'il était moins souvent perché sur cette tour
D'où son cornet, ainsi que cela se rencontre,
Doit sonner, aussitôt qu'un ennemi se montre.

NICOLAS.

C'est un bonheur pour nous qu'il ne la suive point.
Elle a si bonne mine, un faucon sur le poing,

Qu'il l'accompagnerait, pour un sourire d'elle,
Jusque dans le pays où l'ombre est éternelle.
Le comte est batailleur, querelle ses voisins,
Et traite en assiégés ses plus petits cousins.
Jamais, tout vieux qu'il est, notre pays de Flandre
N'avait vu sous le ciel tant de châteaux en cendre,
Et Tyl, du haut des tours sondant le grand chemin,
Y restera longtemps, son cornet à la main.

ANNA.

Plaise à monsieur saint George !

NICOLAS.

Ah ! quel énorme cierge
Je veux faire brûler à madame la Vierge
Si notre fils, plus vain que les petits oiseaux,
Perd son espièglerie en conservant les os !
Mais, le voici... Qu'a-t-il à chantonner encore ?

SCÈNE II

NICOLAS, ANNA, TYL.

TYL.

(AIR de la *Branche cassée.*)

Mon père et ma mère m'ont mis
Un rayon de soleil en tête ;

Tous les rieurs sont mes amis ;
La sainte gaîté, c'est ma fête.
Mon gosier est plein de chansons,
Mon regard est plein d'étincelles ;
Et pour les nobles demoiselles
Je danse de mille façons.

(*Il danse.*)

NICOLAS.

Qu'avez-vous à danser ?

ANNA.

Quelle guêpe vous blesse ?

TYL, *parlant.*

Il était une fois une belle princesse...

(*Reprenant le chant.*)

Bien que mon nid soit une tour
Bâtie exprès pour le vautour,
   Le caprice est ma règle ;
Je m'amuse à plus d'un bon tour,
   Et je suis Tyl l'espiègle.

Est-il rien de plus gai, vraiment,
Dans le coin du monde où nous sommes,
Que de faire éternellement
Des niches à ces pauvres hommes ?

Êtes-vous enragé ?

La fleur au jour naissant sourit,
Les grands chênes ont le délire,
Et c'est dans un éclat de rire
Que les oiseaux font de l'esprit.

(*Il rit.*)

NICOLAS.

Êtes-vous enragé?

ANNA.

Pourquoi rire sans cesse?

TYL, *parlant.*

Or, un troubadour vint qui charma la princesse...

(*Reprenant le chant.*)

Bien que mon nid soit une tour
Bâtie exprès pour le vautour,
 Le caprice est ma règle;
Je m'amuse à plus d'un bon tour,
 Et je suis Tyl l'espiègle.

J'ignore si mon lendemain
Doit répondre à mon espérance,
Et je m'en vais sur le chemin,
Heureux de mon insouciance.
A moi les folâtres discours!
A moi toutes les douces choses!

Printemps, couronne-moi de roses :
Je veux vivre et danser toujours !

(Il danse et rit à la fois.)

NICOLAS.

Arrêtez, arrêtez.

ANNA.

Quelle folle allégresse !

TYL, *parlant.*

Alors le troubadour épousa la princesse...

(Reprenant le chant.)

Bien que mon nid soit une tour
Bâtie exprès pour le vautour,
Le caprice est ma règle ;
Je m'amuse à plus d'un bon tour,
Et je suis Tyl l'espiègle.

(Parlant)

Bonjour, papa ! *(Il embrasse sa mère.)*

ANNA.

Bonjour, mon fou !

TYL, *embrassant son père.*

Maman, bonsoir !

NICOLAS.

Fils, ne pouvez-vous pas montrer votre savoir
Sans dire une folie ou sans faire parade
De vos légèretés qui me rendront malade?

ANNA.

Votre père a raison.

TYL.

Quelle raison a-t-il?
Le papillon qui vole est plus léger que Tyl;
La feuille qui dans l'air frissonne est plus légère
Que Tyl, ce pauvre diable englué sur la terre;
Et pourtant chacun aime et feuille et papillon.
M'a-t-on vu, soulevé par quelque tourbillon,
Faire là-haut l'espiègle? Ah! père, je vous prie
Laissez pousser son aile à mon espiègleric :
Elle pousse si peu que j'en suis offensé.

NICOLAS.

Fils, que sera-ce donc quand elle aura poussé?

TYL.

Oh! ne vous fiez pas à tout ce que l'on conte!
Les tours que d'autres font, on les met à mon compte!

ANNA.

C'est donc un parti pris?

TYL.

Jugez-en par vos yeux.
Le comte avec ses gens arrive dans ces lieux.
Nous allons devant lui, sans rompre le silence,
Tous les trois à la fois faire la révérence ;
Je serai comme vous plus muet qu'un poisson.
On n'en dira pas moins : « Voyez ce polisson ! »

SCÈNE III

NICOLAS, ANNA, TYL, LE COMTE D'HEVERLÉ, VAN BOCK, Hommes d'armes.

LE COMTE.

(Air de la *Vieille Chanson,* de Darcier)

J'ai dans mes veines un sang pur
    Comme le sang des vignes ;
Mes lacs sont des nappes d'azur
    Où s'attablent les cygnes ;
Ma bannière au vol souverain
    Est un aigle qui plane ;
Et je m'en vais, le front serein,
Faisant sur les casques d'airain
    Sonner ma pertuisane.

NICOLAS.

Mon fils, c'est le moment, puisque le comte est là.

ANNA.

Marchez derrière nous dans l'ordre que voilà.

(Ils s'inclinent tous les trois devant le comte; mais Tyl gesticule d'une façon comique derrière Nicolas et Anna, qui ne peuvent le voir.)

LES HOMMES D'ARMES.

Même lorsqu'il se prétend sage,
Il a tout juste la raison
Du gnome qui la nuit voyage
Sur le dos d'un colimaçon...
Voyez, voyez ce petit polisson! *(bis)*

NICOLAS.

C'est injuste! il n'a pas dit un seul mot.

ANNA.

       J'enrage
Que Tyl, en se taisant, s'attire cet orage!

LE COMTE.

Sur mes donjons que bat le vent
 Veillent trois mille gardes
Dont le soleil en se levant
 Dore les hallebardes;
Mon cheval de guerre hennit
 Comme la foudre tonne,

Et je me suis dans le granit
Construit superbement un nid
Que l'orage environne.

NICOLAS.

Fils, marchez devant nous : tout à l'heure, je crois,
Vous faisiez certain geste avec le bout des doigts.

(*Ils défilent devant les hommes d'armes, mais Tyl leur fait des grimaces que Nicolas et Anna ne peuvent pas voir davantage.*

LES HOMMES D'ARMES.

Même quand il se prétend sage,
Il a tout juste la raison
Du gnome qui la nuit voyage
Sur le dos d'un colimaçon...
Voyez, voyez ce petit polisson ! (*bis*)

TYL, *sur un ton tragique.*

Ah çà ! jusques à quand souffrirai-je, mes drôles,
Ces mesquins quolibets pleuvant sur mes épaules ?
Jusques à quand, seigneur ? seigneur, jusques à quand
Vos gens poursuivront-ils d'un refrain provocant
Un page sans égal dont le rire sonore
Dans votre vieux château voltige dès l'aurore ?

SCÈNE IV

Les précédents, LA COMTESSE D'HEVERLÉ.

LA COMTESSE, *entrant brusquement en scène, une arquebuse au poing, les cheveux dénoués, l'allure guerrière*

Bravo, messire Tyl ! Eh quoi ! l'on vous aurait
En mon absence encor décoché quelque trait ?
Heureusement pour vous que vous avez la langue
Bien pendue.

LE COMTE.

Il allait nous faire une harangue.

TYL.

Berner ma seigneurie ! A-t-on rien vu de tel ?

VAN BOCK.

Ce petit homme-là parle comme un missel.

LA COMTESSE.

Voici mon bon plaisir : je veux, moi, châtelaine,
Qu'on l'écoute, dût-il parler une semaine.
Approchez-vous un peu, mon page bien-aimé !

ANNA, *à Nicolas.*

Vous avez entendu comme elle l'a nommé.

Parce qu'il est râpé comme un gueux dans son bouge,
Qu'il porte mal sa toque et qu'il a le nez rouge.

NICOLAS.

L'attention qu'elle a pour notre Tyl me flatte.

UN HOMME D'ARMES, *à part.*

Quel piètre favori!

LE COMTE, *à part.*

La comtesse le gâte.

TYL, *aux genoux de la comtesse.*

O madame, merci! Désormais, grâce à vous,
J'ai le droit d'être espiègle et fou parmi les fous,
De chanter, de danser, de rire jusqu'aux larmes,
De mettre un bonnet d'âne à tous vos hommes d'armes,
De taquiner chacun, de cribler de bons mots
Le savoir des savants, la sottise des sots,
Et de crier partout, sans craindre qu'il me morde,
Que messire Van Bock a mérité la corde.

VAN BOCK.

Et pourquoi voulez-vous dire cela de moi?

TYL.

La belle question!

LA COMTESSE.

Pourquoi?

LE COMTE.

Pourquoi?

TOUS.

Pourquoi?

TYL, *se levant.*

Parce qu'il est râpé comme un gueux dans son bouge,
Qu'il porte mal sa toque et qu'il a le nez rouge.

TOUS, *riant.*

Ah! ah!

LE COMTE.

Pauvre Van Bock!

VAN BOCK.

L'affreux petit brigand!

TYL.

Autorisez-moi, comte, à lui jeter mon gant!

LE COMTE.

Non : les débats sont clos.

VAN BOCK, *à part.*

Si jamais je l'accoste!...

LE COMTE.

Maintenant, compagnons, tout le monde à son poste!

LES HOMMES D'ARMES.

A table !

LA COMTESSE.

A table !

TYL, *se dirigeant vers la table.*

A table !

LE COMTE.

Après nous, maître Tyl !
A cette heure ton poste est sur la tour.

TYL.

Plait-il ?

LA COMTESSE.

Allons, ne boudez pas, beau page : le service
Est ainsi partagé.

TYL.

Mais c'est une injustice !
J'ai terriblement faim.

LE COMTE.

Tu mangeras plus tard.

TYL.

Puisque vous l'ordonnez, je retourne au rempart,

Et je sonne du cor à fendre les murailles
Si je vois une pique à travers les broussailles.
Bon appétit !
(A part.)
Je crois fort qu'on a préparé
Ce dîner pour moi seul. Le beau gâteau doré !
Comme il attire l'œil ! Ah ! messire l'espiègle,
Vous allez cette fois faire une farce en règle !

NICOLAS.

J'espère, mon enfant, que tu seras enfin
Sérieux maintenant...

TYL, a part.

Il fait diablement faim !

ANNA.

Plus grave...

NICOLAS.

Moins léger...

TYL.

Je le suis trop, que diantre !
Depuis hier au soir je n'ai rien dans le ventre.

ANNA.

Et contente toujours les maîtres du château.

TYL, *embrassant sa mère.*

Oui, mon petit papa.
(*A part.*)
C'est un bien beau gâteau !

(*Anna, Nicolas et Tyl sortent, celui-ci par la gauche, ceux-là par la droite. Le comte, la comtesse et leur suite s'attablent. Van Bock occupe le bout de la table, à gauche.*)

SCÈNE V

LE COMTE D'HEVERLE, LA COMTESSE, VAN BOCK,
Les hommes d'armes, TYL *pendant un instant.*

TOUS.

(AIR : *Evohe ! que ces deesses...*)
Buvons à la châtelaine
Qui partage nos combats,
Et dans notre coupe pleine
Noyons les maux d'ici-bas !

LA COMTESSE.

Venue au monde guerrière,
J'aime les grands étendards
Qui flottent dans la lumière
Sur la crête des remparts.

(*Pendant que le chant continue, Tyl, marchant sur les mains, vient se placer derrière Van Bock et l'attache sur sa chaise par un pan de son vêtement; après quoi, il se retire avec les mêmes précautions.*)

TOUS.

Buvons à la châtelaine
Qui partage nos combats,
Et dans notre coupe pleine
Noyons les maux d'ici-bas!

LA COMTESSE.

A moi la victoire ailée!
A moi le rapide éclair
Des casques dans la mêlée
Où le fer heurte le fer!

TOUS.

Buvons à la châtelaine
Qui partage nos combats,
Et dans notre coupe pleine
Noyons les maux d'ici-bas!

(*Le cor de Tyl sonne trois fois : tous les convives se lèvent, à l'exception de Van Bock, qui fait de vains efforts pour se séparer de sa chaise.*)

LA COMTESSE, *reprenant son arquebuse.*

L'ennemi nous environne :
Debout à l'appel du cor!
Et que la foudre éperonne
Mon coursier harnaché d'or!

TOUS, *l'arme au bras.*

Nous ne voulons, châtelaine,
Venir qu'après les combats
Au fond de la coupe pleine
Noyer les maux d'ici-bas.

(*Ils sortent précipitamment*)

SCÈNE VI

VAN BOCK; TYL, *d'abord dans la coulisse.*

VAN BOCK, *toujours attaché.*

Sapristi ! c'est encor ce méchant petit page
Qui m'a joué ce tour ! Oh ! j'enrage, j'enrage !
Quel rôle ridicule il me fait remplir là !
C'est mal de se moquer des gens comme cela !
Quoi ! berner de la sorte un intendant du comte !
Quoi ! m'avoir attaché par l'habit, quelle honte !
Comme si je n'étais qu'un enfant, qu'un vieux fou !
Ah ! si je le tenais, je lui tordrais le cou
Et je lui ferais voir, selon les vieilles règles,
A quels beaux traitements s'exposent les espiègles.
Si du moins je pouvais dénouer mon pourpoint !
Mais le bandit m'a fait un nœud comme le poing :
Impossible ! Je suis vissé sur cette chaise.
Me voilà bien logé ! Par mon patron saint Blaise,

Tu vas, si tu tiens à ta peau,
Me remettre les clés du trésor.

Je jure qu'il sera châtié cette fois
Et qu'il conservera la marque de mes doigts
Pendant plus de huit jours au bout de son oreille !
On n'aura vu jamais une danse pareille !
Je le corrigerai devant tout le château !
Quand j'y pense ! Je suis comme dans un étau,
Je suis cloué ! Je veux qu'il me demande grâce.
Outrager à ce point un homme de ma race !
Un Van Bock ! Mon grand-père était dans ce castel
Intendant de la coupe et pourvoyeur du sel ;
Mon père avec des ducs chassait à l'arbalète.
Je suis déshonoré, ma disgrâce est complète,
Si quelqu'un me surprend dans l'état où je suis.
Palsambleu ! j'aimerais mieux être au fond d'un puits
Que d'être à cette chaise attaché de la sorte.
Comme ce nœud est dur ! Que le diable t'emporte,
Abominable Tyl, effronté garnement !
Et si les assaillants entraient ici ! Comment
Me cacher ? Comment fuir ? Je suffoque, je tremble.
Hé ! par là-bas ? Qui vient par là-bas ? Il me semble
Que l'on a remué derrière ces piliers.

(Il roule à terre avec sa chaise, en faisant un effort pour se mettre à genoux.)

Ayez pitié de moi, messieurs les cavaliers !
Je suis un intendant honnête ; je me nomme
Van Bock, et croyez bien...

TYL, *masqué, un casque sur la tête, une grande pique à la main, entrant brusquement et faisant la grosse voix.*

Trêve aux discours, bonhomme !
Nous avons sur ces murs planté notre drapeau.
Le duc est pris. Tu vas, si tu tiens à ta peau,
Me remettre les clés du trésor.

VAN BOCK.

Sainte Vierge !

TYL, *montrant sa pique.*

Je suis mal disposé. Tu vois cette flamberge..

VAN BOCK.

Je la vois, doux seigneur.

TYL.

Eh bien ! je te la mets
A travers le corps, si les clés du trésor...

VAN BOCK.

Mais,
Je ne sais pas où sont ces clés qu'on me demande.

TYL.

Tu m'interromps, je crois.

VAN BOCK.

      Ma frayeur est si grande
Et je suis si troublé!

TYL.

    Quel butor réussi!

(*L'examinant avec soin.*)

Ah çà! maître intendant, que fais-tu donc ici,
Dans un accoutrement à ce point ridicule?
Pourquoi t'es-tu vissé sur ta chaise curule?
A la manière antique attendrais-tu la mort?

VAN BOCK.

C'est Tyl, ce méchant fou...

TYL.

      De plus fort en plus fort!
C'est Tyl qui t'a cloué sur ce siège? Ah! le drôle!

VAN BOCK.

Vous le connaissez donc?

TYL.

     Tu me plais dans ce rôle!

VAN BOCK.

Un petit scélérat!

TYL.

Un aimable garçon!
Moi, j'ai toujours aimé les tours de sa façon.
Quand on a de l'esprit, il faut bien qu'on le montre!
Est-ce un mal de berner les badauds qu'on rencontre?

VAN BOCK.

Je ne dis pas.

TYL.

Fort bien Tu comprends comme moi
Que Tyl a cent raisons de se moquer de toi?

VAN BOCK.

Je le comprends.

TYL.

D'ailleurs, si ta dure cervelle
Ne se l'expliquait pas d'une façon formelle,
Je te l'expliquerais au moyen de l'outil
Que voilà.

(Il lui montre sa pique)

Par Caron! je suis l'ami de Tyl;
Je ne souffrirais pas qu'un sot de ton espèce...

VAN BOCK.

Mais, monseigneur...

TYL.

Je veux que l'on m'appelle Altesse

VAN BOCK.

Mais, Altesse! je n'ai rien dit. Tyl est charmant.
Je l'aime.

TYL.

Un peu?

VAN BOCK.

Beaucoup.

TYL.

Et passionnément?

VAN BOCK.

Et passionnément : c'est ce que je veux dire.
Mon Altesse...

TYL.

Je veux que l'on m'appelle Sire!

VAN BOCK.

Sire! Tyl est charmant, je vous le dis encor;
Mais vous devinez bien...

TYL, *brusquement.*

Et les clés du trésor?
Où sont-elles? J'attends depuis plus d'un quart d'heure.

VAN BOCK.

Je ne sais...

TYL.

Palsambleu ! je les veux.

VAN BOCK.

Que je meure
Si je les ai !

TYL, *allant sur lui.*

Je vais te servir de ton plat.

VAN BOCK.

Je suis à vos genoux, je me fais aussi plat
Que possible. Pitié ! La gloire serait mince
D'avoir tué ce vieux Van Bock.

TYL.

Je suis bon prince.
Écoute. Je consens à t'épargner, ma foi,
Si tu jures par la chape de saint Éloi
De ne pas te venger de Tyl.

VAN BOCK.

Je vous le jure.

TYL.

De ne pas dire au comte un mot de l'aventure.

VAN BOCK.

Je le jure.

TYL.

D'avoir de l'amitié pour Tyl,
De ne pas lui tirer les oreilles.

VAN BOCK.

Plaît-il?

TYL.

De ne pas lui tirer les oreilles.

VAN BOCK.

J'admire!

TYL.

Jure : cela vaut mieux.

VAN BOCK.

Je vous le jure, Sire.

TYL.

Et tes serments sont sûrs?

VAN BOCK.

Aussi fermes qu'un roc!

TYL, *se demasquant.*

Et maintenant, comment ça va-t-il, cher Van Bock?

VAN BOCK.

Quoi! méchant avorton, tu me jouais encore!

TYL.

Je te jouais. C'est bien amusant.

VAN BOCK.

Je t'abhorre.

TYL.

Je t'aime.

VAN BOCK.

Je ferai quatre morceaux de toi.

TYL.

Et ton serment par la chape de saint Éloi?

VAN BOCK.

Ton casque me trompait, tu me prenais en traître :
Le serment n'était pas valable.

TYL.

Ah çà, mon maître!
Depuis quand un serment qu'on fait ne vaut-il rien?
Parbleu! je te ferai brûler comme un païen.

VAN BOCK.

Je casserai sur toi les bâtons de la chaise
Où tu m'as attaché.

TYL.

Vraiment! J'en suis fort aise.
Comment t'y prendras-tu, si tu restes vissé?

VAN BOCK.

Tu me laisseras là?

TYL.

Je ne suis pas pressé.

VAN BOCK.

Mais moi je suis pressé diablement.

TYL.

J'imagine
Que le régal de coups promis à mon échine
Ne me poussera guère à te délivrer.

VAN BOCK.

Quoi!
Tu crois que j'oserais te maltraiter?

TYL.

Ma foi!
Je l'ai cru tout d'abord. Tu n'es pas mauvais diable;
Mais ce maudit serment qui n'était pas valable,
Ces coups que tu devais sur moi faire pleuvoir,
Cette noble fureur...

VAN BOCK.

Bah! tu vois tout en noir.

TYL.

J'avais tort, j'en conviens.

VAN BOCK.

On est parfois maussade.

TYL, *emplissant un verre de vin.*

Soyons deux bons amis.

(*Il presente le verre à Van Bock.*)

Tiens, bois cette rasade!

(*Au moment où Van Bock va saisir le verre, Tyl le boit d'un seul trait*)

Comment l'as-tu trouvé ?

VAN BOCK.

Boire ainsi le vin vieux
Du comte!

TYL.

N'est-ce pas qu'il est délicieux?

(*Il emplit un nouveau verre.*)

Nous allons, si tu veux, jouer cet autre verre.

VAN BOCK.

J'aime ce petit vin.

TYL.

Et moi, je le révère.
Endormons-nous.

VAN BOCK.

Pourquoi?

TYL.

Pour dormir.

VAN BOCK.

En effet.

TYL, *couvrant le verre avec son chapeau.*

Et celui qui pendant son sommeil aura fait
Le rêve le plus beau boira le verre.

VAN BOCK.

Certe!
Je dors.

(*Il ferme les paupières.*)

TYL, *sans fermer les paupières.*

Je dors aussi.

VAN BOCK, *à part.*

L'aimable découverte!
Je ne puis pas dormir, hélas! mais en fermant
Les yeux, j'inventerai quelque rêve charmant,

Éblouissant, exquis, adorable, céleste,
Et je duperai Tyl, qui se croit malin !

TYL (*il boit le verre de vin et le recouvre avec le chapeau*).

Peste !
A travers le gosier ça vous fait un velours.

(*Secouant Van Bock.*)

Hé ! Van Bock ! Hé ! Van Bock ! Van Bock !

VAN BOCK.

Je dors toujours.

TYL, *riant*.

Éveille-toi. Qu'as-tu rêvé ?

VAN BOCK.

J'ai fait un songe
Si beau, si merveilleux qu'il a l'air d'un mensonge !
J'ai rêvé que j'étais là-haut, dans le ciel bleu :
J'ai vu les légions des anges du bon Dieu ;
Saint Pierre m'a parlé d'une façon civile ;
J'ai joué de la harpe avec sainte Cécile...
Et toi, qu'as-tu rêvé pendant ce temps ?

TYL.

Oh ! moi,
Quand je t'ai vu si haut, je me suis dit : « Ma foi !

Il ne reviendra plus, tant il doit pour la terre
Avoir un saint mépris ! » Et, dam ! j'ai bu le verre.
(Il soulève le chapeau et montre le verre vide.)

VAN BOCK.

Tu n'es qu'un scélérat indigne des bontés
Du comte.

TYL.

Mon ami, pas d'excentricités !

VAN BOCK.

Faquin ! Drôle ! Impudent ! Buveur du vin des autres !

TYL.

Et dire que tu viens de voir les saints apôtres !

VAN BOCK.

Garnement ! Effronté !

TYL.

Ton cœur est plein de fiel :
Il faut être plus doux quand on revient du ciel.

VAN BOCK.

Je ne veux pas rester cloué sur cette chaise !
Défais vite ce nœud, ou gare !

TYL.

A Dieu ne plaise !

Tu m'as fait oublier de croquer ce gâteau :
Je te punis...

VAN BOCK (*il retombe en gesticulant*).

Coquin! opprobre du château!

SCÈNE VII

Les mêmes, LE COMTE, LA COMTESSE,
Les hommes d'armes.

LE COMTE.

Quelle est cette algarade?

LA COMTESSE.

Est-ce qu'on vous assiège?

VAN BOCK.

Il m'a par le pourpoint attaché sur ce siège!

LES HOMMES D'ARMES, *riant*.

Oh! le pauvre Van Bock!

TYL.

Il m'a dit qu'il avait
Avec les séraphins dormi dans le duvet
Des lits du paradis.

VAN BOCK.

Il a bu deux bouteilles
De vin vieux.

LE COMTE, à *Tyl*.

Je devrais te tirer les oreilles.
Délivre ton captif.

TYL (*il detache Van Bock.*)
J'obéis, monseigneur.

LA COMTESSE.

Il est bien amusant, ma parole d'honneur !

TYL.

Cet enragé vantard m'a juré par la chape
De saint Éloi qu'il est cousin germain du pape.

VAN BOCK.

As-tu bientôt fini ?

TYL.

J'avais un peu serré...

VAN BOCK.

A nous deux, maintenant que je suis délivré !
   (*Il court après Tyl.*)
Je te ferai payer...

Aïe! aïe!

TYL, *se refugiant derrière le comte.*

Vous me défendrez, comte !

(*Van Bock lance le pied. Tyl s'efface. Le comte reçoit le coup de pied de Van Bock.*)

LE COMTE.

Aie ! aie !

VAN BOCK.

Excusez-moi, monseigneur.

LA COMTESSE.

Quelle honte !

VAN BOCK.

C'est la faute de Tyl !

LES HOMMES D'ARMES.

C'est la faute de Tyl !

LE COMTE.

Je te condamne...

TYL.

A quoi, monseigneur ?

LE COMTE.

A l'exil
Et tu fileras vers les terres de Cologne,
Tout de suite.

TYL.

J'ai fait une belle besogne.
(*à la comtesse, le genou en terre.*)
Madame, je m'en vais, je vous baise la main.

LA COMTESSE.

Espérez.

TYL, *se relevant.*

Comme on doit s'ennuyer en chemin !

VAN BOCK.

Tyl, bon voyage !

TYL.

Avant de partir, je veux croire
Que vous me laisserez vous conter une histoire.

LE COMTE.

Conte.

TYL.

Comte vous-même !

LA COMTESSE.

Est-il gentil !

TYL.

Le jour

Où je naquis, le sort me fit l'aimable tour
De me donner la fée Urgèle pour marraine,
Tout comme si j'avais été fils d'une reine.
Elle me fit cadeau d'un chapeau merveilleux,
Le voilà.

(*Il montre son chapeau.*)

Ce chapeau ne dit rien pour les yeux;
Mais, si pauvre qu'il semble, il me fournit des piastres,
Il est plein de sols d'or, et le ciel a moins d'astres!
Quand j'ai bien déjeuné chez la mère Goton,
Je n'ai qu'à le frapper du bout de mon bâton
En lui disant trois fois : « Petit chapeau, travaille! »
Et les écus luisants pleuvent.

VAN BOCK.

Quelle ripaille
Je ferais, si j'avais ce Crésus des chapeaux!

TYL.

Je te l'offre. Je t'ai berné mal à propos.
J'ai du regret.

VAN BOCK, *prenant le chapeau.*

Merci. Je te pardonne.

TYL, *la tête baissee.*

En route!

(*Il sort*)

VAN BOCK, *parlant au chapeau.*

Toi, tu vas chez Goton me payer ma choucroute !

(*Il sort.*)

SCÈNE VIII

LE COMTE, LA COMTESSE, Les hommes d'armes, puis NICOLAS et ANNA.

LA COMTESSE.

J'espère qu'il n'est pas pour toujours exilé.

LE COMTE.

Je le ferai rentrer au château d'Heverlé,
Avant huit jours.

(*Anna et Nicolas entrent, suppliants.*)

ANNA.

Pitié ! je vous demande grâce
Pour mon fils.

NICOLAS.

Monseigneur, frappez-nous à sa place.

LE COMTE.

Il vous sera bientôt rendu.

ANNA.

Quelle bonté !

NICOLAS.

Merci.

UN PAGE, *entrant.*

Douze docteurs de l'Université
Demandent, monseigneur, à vous faire l'hommage
De leurs civilités.

LE COMTE.

Introduis-les, beau page.

(*Le page sort. Les docteurs entrent, en chapeaux pointus, trois par trois, s'arrêtant à chaque pas pour saluer le comte et la comtesse.*)

SCÈNE IX

Les précédents, Les Docteurs, puis TYL.

LES DOCTEURS.

(AIR : *Au clair de la lune.*)

Nous sommes l'utile
Sénat des docteurs ;
Nous fouillons le style
Des anciens auteurs ;
Et dans nos harangues,
Sans mots superflus,
Nous parlons des langues
Qu'on ne parle plus.

Dans l'ombre nocturne
Prenant notre essor,
Nous guettons Saturne
Et ses anneaux d'or ;
Devins et prophètes,
Nous savons quel jour
Vous viendrez, comètes,
Faire au ciel un tour !

La Science blême,
Mère des vertus,
A pris pour emblème
Nos chapeaux pointus.
Sauve de tout piège,
O Dieu de bonté,
Quiconque protège
L'Université !

LE COMTE.

Soyez les bienvenus, savants hommes de Flandre !

1ᵉʳ DOCTEUR.

Vous êtes, monseigneur, un moderne Alexandre :
Vous servez Apollon et Bellone à la fois.

2ᵉ DOCTEUR.

Le vieil aveugle Homère eût chanté vos exploits.

3ᵉ DOCTEUR.

Amo Deum.

4ᵉ DOCTEUR.

Rosa, la rose.

5ᵉ DOCTEUR.

La syntaxe
Embellit la pensée et la phrase.

6ᵉ DOCTEUR.

Elle est l'axe,
L'âme, le contrepoids du discours.

7ᵉ DOCTEUR.

Le phénix
Est l'oiseau qui renait de ses cendres.

8ᵉ DOCTEUR.

*Felix
Qui potuit rerum...*

9ᵉ DOCTEUR.

Vive la catachrèse !

10ᵉ DOCTEUR.

La litote a du bon

11ᵉ DOCTEUR.

J'ai soutenu la thèse
Du libre arbitre.

12ᵉ DOCTEUR.

L'air est peuplé d'animaux.

TOUS LES DOCTEURS, *parlant à la fois*

Les hommes pour parler ont inventé les mots.
Les mots font le discours, les épis font la gerbe.
Le verbe est grand. Comment s'exprimer sans le verbe ?
Timeo Danaos et dona ferentes.
Les Gaulois adoraient le divin Teutatès.
Archimède a trouvé la force cylindrique,
Les lois de l'équilibre et de l'hydrostatique.
Ego sum. Dominus, domini, domino.

(*Tyl entre en faisant un saut sur la scene Il a le corps dans un sac lié sous ses bras.*)

TYL.

Amen.

LE COMTE.

Encore toi !

LES DOCTEURS.

D'où vient cet étourneau ?

TYL., aux docteurs.

Messieurs, vous me comblez, votre faveur m'honore..

LE COMTE.

Je t'avais exilé.

TYL.

Mais je le suis encore !

LE COMTE.

Explique-toi.

LA COMTESSE, riant.

Ce sac l'habille drôlement.

LE COMTE.

Je t'écoute.

TYL.

Suivez bien mon raisonnement.
Vous m'avez banni sur les terres de Cologne :
Eh bien ! j'y suis, mon maître et je fais ma besogne
De proscrit, sans songer à vous désobéir.
Voici. Le mois passé, vous avez fait venir
De Cologne des fleurs dans de grands pots bizarres.

LE COMTE.

Après? Je m'en souviens. J'aime les plantes rares.

1ᵉʳ DOCTEUR.

Flos, floris.

2ᵉ DOCTEUR.

C'est un goût qui vous fait grand honneur

TYL.

Les vases étaient pleins de terre, monseigneur.

LA COMTESSE, *riant.*

La terre avait été de Cologne apportée.
Je devine.

TYL.

J'en ai mis une pelletée
Dans ce sac, et voilà : je foule sous mes pieds
Les terres de Cologne.

(*S'apprêtant à sortir du sac.*)

Ah! comte, vous riez!
Vous allez donc me rendre à la douce patrie?
L'exilé souffre, hélas! et dans sa rêverie...

3ᵉ DOCTEUR.

Nos patriæ fines...

LE COMTE.

Ne sois pas si pressé!
Ecoute. Je ne veux oublier le passé

Qu'après t'avoir ouï sans tournure suspecte
Répondre aux questions de ces docteurs.

TYL.

J'accepte.

1ᵉʳ DOCTEUR.

Je commence. Combien de tonneaux faudrait-il
Pour contenir la mer?

UN HOMME D'ARMES.

Que va répondre Tyl?

TYL.

Il en faudrait six cents millions trente mille
Huit cent quarante-deux. Il est d'ailleurs facile
De le prouver : on n'a qu'à tarir tout exprès
Les fleuves, les ruisseaux, et qu'à compter après.
Mon Dieu! c'est tout au plus s'il manque une chopine.

NICOLAS.

Le docteur est pincé!

UN HOMME D'ARMES.

Quel gaillard!

2ᵉ DOCTEUR, *à part*.

J'imagine
Qu'il répondra moins bien à cette question...

(*Haut.*)

Combien, depuis le jour de la création,
S'est-il passé de jours ?

TYL.

Oh ! bien peu : sept à peine.

2ᵉ DOCTEUR.

Sept ! Vous raillez, garçon.

TYL.

Sept qu'à chaque semaine
Nous voyons revenir !

ANNA.

Comme il vous dit cela !

4ᵉ DOCTEUR.

Où donc est le milieu de la terre ?

TYL.

Il est là
Où vous êtes. J'attends que l'un de vous mesure
(*Sautant à pieds joints, de long en large.*)
Messieurs, je vous provoque en musique, en peinture,
En ce que vous voudrez. Regardez mes tableaux !
(*Il montre les murs nus.*)
Ceci vous représente un étang, des bouleaux,

Une montagne, un ciel d'automne, une rocaille !
Sur cette toile-là j'ai peint une bataille !

5ᵉ DOCTEUR.

Mais nous ne voyons rien que des murs et des murs !

TYL.

Vous verrez mes tableaux quand vous serez plus purs !
Ils ne se laissent voir que par les hommes graves.

(*Van Bock entre, tenant le chapeau de Tyl d'une main et son bâton de l'autre.*)

SCÈNE X

Les précédents, VAN BOCK.

VAN BOCK, *à Tyl.*

Je te romprai les reins.

TYL.

Je crois que tu me braves.

VAN BOCK.

Je te rends ton chapeau.

TYL, *reprenant le chapeau.*

Déjà ? Que t'a-t-il fait ?

Vous verrez mes tableaux quand vous serez plus purs !
Ils ne se laissent voir que par les hommes graves.

VAN BOCK.

Il devait me donner des piastres à souhait

TYL.

Eh bien?

VAN BOCK.

Il ne m'a rien valu que des misères.
Je vais chez Margoton, je m'offre quelques verres
D'un petit vin blanc sec, à bon droit renommé,
Une bonne choucroute, un jambon enfumé,
Quelques pieds de cochon : bref, je me ravitaille.
Mais, hélas ! quand j'ai dit : « Petit chapeau, travaille ! »
Le chapeau ne m'a pas craché le moindre sou :
On m'a mis à la porte en me traitant de fou...

TYL.

As-tu de ton bâton frappé le chapeau?

VAN BOCK.

Certe !
Pan, pan. Voici comment j'ai fait... en pure perte !
(Il frappe le chapeau trois fois avec son bâton.)

TYL.

Tu t'es trompé, mon cher. Ce n'est pas ça du tout.
Il faut frapper ainsi, mais avec l'autre bout.

(Il prend le bâton, le retourne, et frappe le chapeau avec l'autre bout. Des sous tombent à terre.)

VAN BOCK, *se baissant.*

Je ramasse.

TYL.

Tu peux aller le dire à Rome ;
Mais je reprends mon bien sous ton nez.

UN HOMME D'ARMES, *riant.*

Le pauvre homme !

LA COMTESSE.

Comte, il faut gracier l'espiègle.

LE COMTE

Pourquoi
Le gracier ? Il va recommencer.

TYL.

Ma foi,
Je suis bien décidé..

LA COMTESSE

Bon cœur et tête folle !

TYL.

A ne plus taquiner Van Bock.

VAN BOCK.

Bien vrai ?

TYL.

                                       Parole.

A ne plus l'attacher sur sa chaise.

LE COMTE.

                                       Parfait.

ANNA.

Tu parles bien, mon fils.

VAN BOCK.

                           Pas trop mal, en effet.

TYL.

A rester dans mon coin, à ne plus jamais rire
Aux dépens du prochain.

NICOLAS.

                           Cette fois, je t'admire!

LE COMTE.

Eh bien, soit. Je fais grâce à notre aimable Tyl.

TYL, se depouillant de son sac et repandant la terre aux pieds du comte.

Monseigneur, je répands à vos pieds mon exil.

VAN BOCK, *à Tyl.*

Et maintenant, rends-moi ton chapeau. Je caresse

Un projet de ragoût, une vieille faiblesse !
Ton chapeau me serait utile, en vérité

TYL, *à part.*

Ce serait amusant. Diable ! je suis tenté .

VAN BOCK

J'ai senti le fumet de certaine poularde..
Quelle noce ! rends-moi le chapeau.

TYL, *après avoir regardé tout le monde, sourit et remet
le chapeau sur sa tête*

 Je le garde !

FIN

TABLE

A mes petits-enfants   5

Cendrillon.   13
La Boite a Musique   69
La Maison des Dimanches 115
Tyl l'Espiègle. 155

SOCIÉTÉ ANONYME D'IMPRIMERIE DE VILLEFRANCHE-DE-ROUERGUE
Jules Bardoux, Directeur.

www.ingramcontent.com/pod-product-compliance
Lightning Source LLC
Chambersburg PA
CBHW051912160426
43198CB00012B/1857